T0278615

LA TERAPIA DEL ALMA

Thomas Moore

LA TERAPIA DEL ALMA

El arte y la práctica de conversar con amor

URANO

Argentina – Chile – Colombia – España
Estados Unidos – México – Perú – Uruguay

Título original: *Soul Theraphy – The Art and Craft of Caring Conversations*
Editor original: HarperOne An Imprint oh HarperCollins*Publishers*, New York
Traducción: Laura Paredes Lascorz

1.ª edición Febrero 2023

ISBN: 978-84-17694-90-6
E-ISBN: 978-84-19413-29-1

Despósito legal: B-21.930-2022

Fotocomposición: Ediciones Urano, S.A.U.

Impreso por: Rotativas de Estella – Polígono Industrial San Miguel Parcelas E7-E8
31132 Villatuerta (Navarra)

Impreso en España – *Printed in Spain*

Índice

Tercera parte
COSAS DEL ALMA

Cuarta parte
LA TERAPIA EN EL MUNDO

Quinta parte
EL TERAPEUTA

Prólogo

Es sencillamente un hecho: la vida es difícil e imperfecta. Todo el mundo tiene tragedias, pérdidas, ansiedades y problemas en sus relaciones. Y, por ello, hay momentos en la mayoría de vidas en los que sería de gran ayuda tener a alguien con quien hablar sobre nuestros problemas. Quizá todos debiéramos hacer terapia, por lo menos en determinados momentos acuciantes de nuestra vida. La psicoterapia es una profesión excelente, pero, a veces, simplemente hablar con un amigo íntimo, un guía espiritual o un miembro de la familia puede ayudar. La terapia, en sentido general, puede realizarse en cualquier sitio y adoptar muchas formas distintas.

Hace varias décadas que soy psicoterapeuta, y he tenido el honor de estar íntimamente relacionado con personas enfrentadas a cuestiones aparentemente imposibles. He aprendido que ser terapeuta es diferente a hacer terapia. No es solamente un empleo o una técnica, sino una forma de estar en el mundo. Todos los días y en cualquier momento de la jornada puedes aprender a tener una actitud empática, a escuchar atentamente y a ver bajo la superficie. Se precisan buenas ideas y un corazón abierto para hacer bien la terapia. Tú eres el instrumento principal de tu trabajo, y jamás dejas de aprender cosas sobre cómo funcionan los seres humanos y sobre quién eres. Al principio te conviertes en terapeuta a través del descubrimiento personal, y, después, aprendiendo cómo funciona la vida humana en general. Tengo la impresión de que cada hora de terapia que hago me enseña y me hace avanzar más en mi formación. Es una clase de aprendizaje que nunca termina, porque los seres humanos son infinitamente complejos.

Este libro está destinado tanto a terapeutas como a personas corrientes que quieren ofrecer consuelo y un oído atento a un amigo o a un familiar. En ocasiones, todos somos terapeutas, y a una persona corriente le sería útil saber cómo orientar bien a otra persona. Para los terapeutas, espero que este libro apoye vuestro trabajo.

Terapeutas y «terapeutas»

Algunas personas son terapeutas profesionales. Poseen titulación universitaria, licencia y credenciales. Tienen consultas y butacas, y los hay que incluso el clásico diván. Hablan la jerga y a menudo parecen no tener problemas propios.

Estoy haciendo un poco de guasa, porque, de hecho, me encantan los terapeutas. Creo que tienen la suerte de tener la mejor profesión que existe, ayudar a la gente a lidiar con crisis y conflictos. He transmitido mis enseñanzas a terapeutas y a muchos de ellos los considero buenos amigos míos.

Pero también conozco a muchos «terapeutas». Las comillas son importantes, porque despojan a la palabra de su significado literal. A veces recibes una llamada telefónica de un familiar preguntándote si podéis hablar en privado de algo a lo que se está enfrentando, tal vez un problema matrimonial o una enfermedad grave. O quizá dirijas una empresa y una empleada tenga problemas con sus hijos, tal vez bebe demasiado o necesita orientación profesional. Puede que seas un guía espiritual, y que la gente acuda a ti para que la aconsejes, aunque jamás hayas recibido formación formal. Contactas entonces con el «terapeuta» que hay en ti y le ofreces a la gente tu ayuda y le muestras tu preocupación.

Yo defino la *terapia* como «el cuidado del alma». En este sentido, se hace terapia en todas partes todo el tiempo. Y se trata de verdadera terapia: escuchar y responder empática, servicial y generosamente. Bueno, no se trata del experto explorando una vida en busca de patrones significativos y de figuras parentales influyentes (ese es el trabajo de los terapeutas profesionales), pero, aun así, puede ser eficaz y de crucial importancia.

Cuando enseño a terapeutas, me doy cuenta de que ellos también son personas. Acuden a mí como profesor para cuidar de sus almas y en busca de formas más profundas y más valiosas de hacer su trabajo. De modo que no veo que exista un grueso muro entre terapeuta y cliente. Ambos son personas que intentan encontrar sentido a las complejidades de la vida.

A menudo, recomiendo a los terapeutas que empleen la amistad como la dinámica subyacente de su trabajo. No me refiero a que deban hacerse, literalmente, amigos de sus clientes, sino a que el espíritu subyacente de la relación podría ser la amistad. Esto significa que el «terapeuta» no profesional está haciendo realmente cierta clase de terapia cuando escucha atentamente a un amigo que pasa por un mal momento. El terapeuta no profesional tiene mucho que aprender del profesional, y este puede aprender del no profesional.

En este libro me dirijo, pues, tanto al profesional como a la persona corriente. A veces me dirijo a uno o a otro, pero en conjunto creo que pueden aprender el uno del otro, del espíritu y de la manera de ambas formas de relacionarse. Escribo en su mayor parte sin utilizar jerga. Pero creo que el no profesional podría beneficiarse de exploraciones más técnicas y más profundas de términos psicológicos como *transferencia* y *complejo*. Si estás aprendiendo a ser un usuario competente del ordenador o del teléfono inteligente, tienes que familiarizarte con conceptos técnicos. Para hacer una buena terapia en el sentido profano, no estaría de más saber algo de psicología.

La terapia platónica

Mi educación para la terapia incluye la psicología junguiana y arquetípica, el estudio de religiones y tradiciones espirituales, las bellas artes e incluso la filosofía práctica. Cuando enseño a terapeutas, añado a su formación profesional ideas y técnicas que son espirituales y filosóficas. La terapia no es un concepto nuevo. Platón, el filósofo griego que vivió en el siglo IV a. C., escribió sobre el alma y a menudo usó la palabra *terapia*, que él definía como el servicio y el cuidado diario. La palabra *psicoterapia* significa literalmente «cuidado del alma».

De modo que te sugiero que abandones cualquier idea que tengas para resolver los problemas de tu amigo o de tu cliente y, en lugar de eso, pienses en la terapia como cuidado y auxilio del prójimo. La amiga empática puede aprender de la profesional a escuchar, hablar y comportarse. Lo que la terapeuta aprende en su formación es relevante para la persona corriente, tanto para su propia vida como para ayudar a los demás. La gente corriente tiende a dar consejo, lo que tiene más que ver con ella que con la persona a la que quiere ayudar. No suele lograr separar su vida y sus valores de los de la persona con la que está hablando. El no profesional también puede quedarse atrapado en poderosos complejos emocionales y acabar dejando a su amigo atrapado en el patrón que le ha causado problemas. No estoy sugiriendo que finjas ser terapeuta profesional, sino que profundices en tu propia experiencia, busques algo de sabiduría y escuches atentamente lo que tu amigo tiene que decir. Esto es la terapia entendida como cuidado del alma.

Durante casi veinte años he enseñado a psiquiatras, médicos, trabajadores sociales y psicólogos que acudían al New England Educational Institute de Cape Cod para obtener los créditos de educación continua necesarios. Mi objetivo era hacer más profunda su perspectiva con la ayuda de mis investigaciones sobre el alma y de mi formación espiritual. En mi juventud, fui monje católico durante doce años y aprendí técnicas espirituales de primera mano y en profundidad. Después, estudié concienzudamente las obras de C. G. Jung, y he enseñado en centros de difusión de la obra de Jung en diversos lugares. Más adelante, describiré mi trabajo en la psicología arquetípica ideada por mi amigo James Hillman. En esas sesiones veraniegas, descubrí que, por lo general, los profesionales poseían una buena educación y formación, pero habían estado poco expuestos a la psicología profunda y las tradiciones espirituales del mundo.

Mi forma de abordar la terapia, basada en una psicología más filosófica y espiritual, es especialmente adecuada tanto para el profesional que quiere ir más allá de las medicaciones y los cambios de conducta como para la persona corriente que se siente llamada a ayudar a amigos y familiares cuando la vida se complica. Algunas personas saben que, en el fondo, tienen un don para escuchar y ofrecer su punto de vista a sus amigos, una vocación a una intimidad informal pero profundamente satisfactoria con los demás. La profundidad de esta forma de entender la terapia reduce la distancia entre el «guía del alma» profesional y el no profesional.

En su formación, los terapeutas aprenden que el sentido común no es siempre útil a la hora de aconsejar a los demás. La vida humana está llena de paradojas y de contradicciones. A los terapeutas cualificados se les suele dar bien detectar patrones ocultos, mientras que los no profesionales tienen tendencia a usar la pura lógica. Por ejemplo, hace poco apareció en televisión una terapeuta local para ayudar a la gente a superar la ansiedad. Dijo que, en primer lugar, tienes que reconocer tu miedo, y después, puedes buscar algo de consuelo. Se trata de una estrategia básica para un terapeuta, pero un terapeuta no profesional podría saltarse la parte del reconocimiento y pasar directamente a la del consuelo.

Lo ideal sería imaginar un mundo terapéutico en el que todas las conversaciones y manifestaciones, públicas y privadas, estuvieran encaminadas al cuidado del alma. Así pues, mi objetivo supremo es recomendar y esbozar un estilo de vida terapéutico para todos.

Anam cara

Cuando una persona corriente ayuda a alguien que pasa por un momento difícil, su actuación se enmarca en lo que los irlandeses llaman *anam cara*, un alma amiga. No es una simple amistad, sino una amistad especial en la que una persona realmente ayuda y orienta a la otra. La mayoría de personas no tenemos un nombre para esa clase de amistad. La palabra *psicoterapia*, con su significado más profundo de «cuidado del alma», se le acerca mucho, aunque hoy en día la connotación es demasiado profesional y está fuera del alcance del terapeuta no profesional.

Esto es algo importante para el «terapeuta» no profesional. Lo que estás haciendo por tu amigo va un paso más allá de la amistad corriente. Es una relación especial de intimidad y de orientación. Puedes intuir la diferencia entre tener una conversación sobre deportes o viajes y conversar sobre relaciones importantes y cuestiones profesionales. Has pasado de una mera amistad a *anam cara*. Has añadido un elemento terapéutico que, claramente, no es profesional, pero que es importante.

Seguro que alguien de tu familia o alguno de tus amigos te ha pedido ayuda con un problema personal. ¿Cómo te sentiste? Supongo que quisiste ayudarlo, pero no supiste muy bien qué decir o qué hacer. Seguramente hiciste todo lo que pudiste, pero me gustaría orientarte sobre cómo manejar bien esas situaciones.

En el libro me suelo dirigir al psicoterapeuta profesional, pero casi todo lo que digo es válido para cualquiera que ayude a un amigo o a un familiar. Solo tienes que recordar que, realmente, eres terapeuta, no de forma profesional, pero, aun así, lo eres.

No es mala idea conocer los principios básicos sobre cómo escuchar bien y cómo expresarse.

Si eres profesional, seguramente posees una buena educación, una formación reglada y una amplia experiencia. Pero tal vez pienses que tu enfoque no consigue abordar cuestiones de sentido y propósito. Puede parecer que la dimensión espiritual queda fuera de tu competencia y, sin embargo, son cuestiones que surgen. Espero que en este libro encuentres transcendencia y profundidad. Comentaremos la búsqueda de sentido y las formas en que el espíritu y el alma interactúan.

Con frecuencia recurro a unas cuantas fuentes favoritas. El *Tao Te Ching* es una de las guías principales en mi vida. Confío en su concepción de la paradoja y la acción no heroica. Sería buena idea que leyeras este extraordinario texto mientras lees mi libro.[1] A continuación encontrarás un pasaje típico:

> *El sabio guía a su gente*
> *poniéndose el último.*
> *No deseando nada para él,*
> *sabe cómo canalizar deseos.*
> *¿Y no es porque no quiere nada*
> *que es capaz de conseguirlo todo?*

También cito muchísimo a C. G. Jung. Al escribir este libro, releí pasajes de Jung que he estado leyendo toda mi vida y confirmé que están llenos de pensamientos perspicaces. Te sugiero que lo leas, también, no tanto por su sistema psicológico como por la profundidad de sus conocimientos prácticos. Finalmente, a menudo menciono a James Hillman, que fue un buen amigo mío y me hizo partícipe de un

---

1. Existen muchas buenas traducciones del texto de Lao-tse al inglés. Mencionaré tres que yo utilizo: *Tao Te Ching: A New English Version*, traducida por Stephen Mitchell; *Lao Tsu: Tao Te Ching*, traducida por Gia-fu Geng y Jane English; *Tao Te Ching*, traducida por David Hinton.

sinfín de pensamientos perspicaces. Reimaginaba con entusiasmo todo lo que observaba y, por ello, lo considero uno de nuestros autores de obras de psicología más importantes. También me apoyo en Carl Rogers y en Irvin Yalom por su enfoque humanista del cuidado y por la honestidad con la que hablan sobre su propia experiencia como terapeutas. También cierro cada capítulo con un poema para proporcionar un nuevo punto de vista desde el que reflexionar sobre los aspectos del tema.

En una época en que la psicología se está desplazando hacia su vertiente científica, me gustaría recuperar sus raíces filosóficas, artísticas y espirituales. Y quiero mostrar cómo todos somos a menudo psicoterapeutas, especialmente en el significado etimológico del alma (cuidado del alma), al ofrecernos unos a otros orientación y apoyo. Si el mundo ha necesitado alguna vez buenos terapeutas y personas legas terapéuticamente sofisticadas, es ahora.

PRIMERA PARTE
EL MATERIAL

Cuando envejezcas, con todas
las preocupaciones cotidianas ya atendidas,
si te ocupas de la vida interior, bueno,
si no sabes dónde está o qué es, lo lamentarás.

Joseph Campbell (1988, p. 3)

Transformar los hechos en una narración proporciona un tema, dirección, emoción y perspicacia. La terapia quiere obtener una historia y usar historias de la vida. Añádele sueños y tienes el material que necesitas para echar un vistazo al alma e iniciar la terapia de la psique, o psicoterapia.

1

La terapia como cuidado

Hay una vieja historia sobre un elefante y un perro que eran muy buenos amigos. El perro se acurrucaba en la punta de la trompa del elefante y se dormía, y a veces el elefante dejaba que el perro se subiera a lomos de él y lo conducía a lugares a los que el perro no podía llegar por sí solo.

Un día apareció un hombre y vio el perro feliz, ofreció a su dueño una gran suma de dinero y se lo llevó. De inmediato, el elefante se puso muy triste y dejó de comer. Perdió peso y empezó a tener un aspecto enfermizo. Su adiestrador se preocupó y llamó a un veterinario, que le dijo que el elefante gozaba de perfecta salud, pero parecía sentirse solo.

El adiestrador conocía la extraña amistad entre el elefante y el perro e hizo averiguaciones sobre el nuevo dueño del perro. Tras indagar mucho, encontró al dueño, pagó al hombre lo que quería y devolvió el perro al elefante, que pareció encantado. El corpulento animal puso al perro sobre su cabeza y pareció danzar, como solo los elefantes saben hacer. Después, comenzó a comer de nuevo y recuperó la salud.

Esta es una historia sobre terapia. Tal como lo cuento, el perro es el terapeuta del elefante, y lo único que tiene que hacer para evitar que el elefante esté deprimido es ser él mismo y disfrutar de su amigo. Esto es, en sí, una buena lección para los terapeutas. Podría haber contado la historia desde el punto de vista del perro. Es probable que él también estuviera triste y que su salud se resintiera en el hogar de un nuevo dueño y alejado de su amigo, por lo que su amistad es una terapia mutua, que mantiene sano al otro. Más adelante, exploraremos cómo un terapeuta se beneficia de hacer terapia y cómo la amistad es el medio más importante para dotar de alma a la vida.

El significado de *terapia*

La terapia no es un invento nuevo. El filósofo griego Platón, que vivió hace dos mil trescientos años, definió la terapia como un «auxilio» y utilizó la palabra *therapeia* muchas veces en sus escritos. También encontrarás la palabra cuarenta y siete veces en el Nuevo Testamento, traducida a menudo en inglés como «*heal*»; es decir, «sanar». Es probable que los significados más antiguos, «servir» o «cuidar de», sean más exactos. En el diálogo *Eutifrón* de Platón, el discípulo pregunta a Sócrates, el *alter ego* de Platón, el significado de «terapia». Sócrates compara la terapia con un granjero que cuida de su caballo. Un granjero, por supuesto, alimenta a su caballo, le da agua, lo cepilla, le limpia la cuadra y lo saca para que haga ejercicio. Este cuidado diario, sencillo y corriente, es el significado básico de la palabra *terapia*. *Psicoterapia* es psiqueterapia, el cuidado del alma en la vida diaria. Nos ocupamos del alma con la misma solicitud, atención diaria, y amor con los que un granjero cuida de su caballo.

Tenía a Platón en mente cuando, hace muchos años, escribí *El cuidado del alma*. Pensaba en ello como en el cuidado concreto, simple y diario, de nuestra esencia, nuestra profundidad, y la fuente de nuestra humanidad. Si cuidas de tu alma, serás más humano, serás capaz de relacionarte mejor y de encontrar tu camino en la vida, descubrir tu propósito y tu vocación. El cuidado del alma no siempre consiste en lidiar directamente con los problemas, sino en solucionarlos indirectamente descubriendo tu ser más profundo y llevando una vida hermosa.

La gente suele pensar en la terapia como en entenderse a sí misma e intentar hacerlo bien. El significado más antiguo es más concreto y corriente. Cuidas de tu hogar, de tu familia, de tus animales, haces un trabajo que te satisface, te diviertes a menudo y pasas tiempo con amigos. En el sentido más antiguo, es en esto en lo que consiste la terapia, de modo que estaría bien tanto para el profesional como para el no profesional ser menos analítico y más observador.

Como veremos más adelante en el libro, el cuidado del alma es también el cuidado del mundo; de los demás, de la sociedad e incluso de las cosas que forman parte de la vida diaria. No puedes vivir una vida con alma en un mundo sin alma. A veces, por supuesto, cuando el mundo está en mal estado, tienes que hacerlo lo mejor posible, pero te concentras en darle alma a tu pequeño mundo, y en convertir el más amplio en un lugar que sea emocionalmente saludable y en el que pueda haber conexiones amorosas.

La belleza de la imperfección

La psicoterapia no siempre tiene como objetivo mejorar la situación de una persona o resolver un problema. El alma puede beneficiarse de la tristeza, por ejemplo. A veces, cuando estás hecho polvo, necesitas quedarte acostado en casa un día que tendrías que estar trabajando. El cuidado del alma no significa convertirte en una persona mejor ni carecer de tendencias neuróticas. Significa que abres tu corazón y cuidas de tu alma y de tu mundo, incluidos tus amigos y los miembros de tu familia.

Tu alma necesita diariamente una clase especial de alimento: amistad, trabajo creativo, comunidad, buena comida, conversación, humor, una perspectiva espiritual. Si das a tu alma lo que necesita y quiere, es probable que tu vida, y puede que incluso tu salud física, sean buenas. Así pues, a menudo la mejor sanación de la vida y del cuerpo es prestar una gran atención positiva a las necesidades de tu alma.

Cuando alguien acude a mi consulta para recibir terapia, estoy atento a los síntomas del estado del alma. Oiré muchas historias y algunas quejas sobre la vida. Pero, a mi entender, mi trabajo consiste en cuidar de la vida profunda, y normalmente oculta, del alma. Esta orientación es fundamental. No puedes hacer una verdadera psicoterapia sin ella. Lo que se suele llamar terapia parece más bien gestión de la vida que cuidado del alma. Puedes reorganizar tu vida, pero esto no es lo mismo que proporcionar a tu alma profunda lo que necesita y anhela.

¿Cuáles son las cosas que perturban el alma? Hacer un trabajo que no te gusta. Estar abrumado por neurosis familiares, que pueden remontarse a generaciones. Hacer tantas cosas de modo que tus amistades se resienten. Trabajar tanto que no dispongas de suficiente diversión y humor en tu vida. Lidiar con un matrimonio o una relación difícil. Que una autoridad eclesiástica o tu tradición familiar te convenzan de que ignores tu sexualidad. Haber sufrido abusos sexuales o maltratos físicos, en mayor o menor medida, anteriormente en tu vida.

El alma puede estar herida, pero es tan vasta y profunda que puedes tratar las heridas que afectan a casi todo el mundo. Hasta puedes usarlas para adquirir fortaleza y conciencia. Ciertas heridas estarán siempre presentes, pero puedes llevar una vida creativa y satisfactoria que, a lo largo del tiempo, lidie con las heridas.

Las cuestiones que estoy describiendo ahora, como las heridas emocionales y las neurosis familiares, requieren especial atención, y es aquí donde el profesional puede ofrecer un cuidado y un conocimiento valiosos. Los terapeutas profesionales pueden enseñarte a encontrar sentido a tu vida, incluso con complicaciones. Educar sobre las emociones y los patrones de vida es una parte importantísima de la terapia. Esta es una de las razones por las que un terapeuta se beneficiaría de una perspectiva amplia de la vida, de modo que no reduzca el alma al cerebro o a una mera conducta y a sustancias químicas. Un buen terapeuta es en parte filósofo e incluso en parte teólogo, de un modo independiente, porque el alma toca los grandes misterios irresolubles de la vida.

Terapia del alma, no gestión de la vida

¿Qué significa concentrarse en el alma más que en la vida, y cómo se hace?

El alma es un elemento misterioso, profundo y poderoso que impregna todo el yo y toda la vida. Es como un plasma inmaterial e invisible que corre por todas las personas y el universo entero. No puede verse con rayos X y, sin embargo, la gente lleva siglos hablando del alma como una preciada facultad que es responsable de su identidad y que parece extenderse más allá del yo. Las comunidades, lo mismo que los individuos, suelen utilizar la palabra *alma*, sin definirla, para expresar lo profundamente que algún acontecimiento, como una tragedia, una muerte o una relación amorosa, los ha afectado.

El alma te da un sentido del sino y del destino, incluso del propósito. Si vives una vida superficial, inconsciente y sin orientación, puede que, simplemente, sigas a la gente y hagas lo que los medios comerciales te digan. Te conviertes en un consumidor cuyo objetivo en la vida es tener más dinero, más posesiones y un estatus más elevado. No sabes de qué va la vida humana, de modo que tu vida sigue siendo superficial. Si eres lo suficientemente afortunado de descubrir la posibilidad de una existencia con alma, encontrarás un sentido y un futuro. Eso marca totalmente la diferencia.

Muchas personas, tanto clientes como profesionales, consideran que la terapia consiste en adaptarse bien y con satisfacción a una cultura superficial. Pero una terapia orientada al alma tiene un objetivo más importante. Quiere estar en contacto estrecho con la fuente de tu existencia y favorecer una vida en la que estés más profundamente implicado. Parte de la vida espiritual está centrada en los misterios de la vida: amor, enfermedad, matrimonio, un sentido de lo eterno e intemporal, muerte y la idea de otra vida tras ella.

Cuando un cliente acude a mi consulta para hacer psicoterapia, no dirijo toda mi atención a sus problemas inmediatos. Hablo de lo que lo valoriza y de lo que la vida le pide. Las personas, por supuesto, son distintas unas de otras. Con algunas puedo usar la palabra *alma* y concentrarme en profundizar sus vidas. Otras están más preocupadas por el asunto que les acucia y consideran que el alma es algo demasiado «religioso». De modo que abordo el problema, aunque siempre tengo presente el alma profunda. Comento uno de sus sueños que ofrece algo de perspectiva al problema en su vida, pero también una insinuación de lo misterioso y lo eterno. Exploro una de las historias de su vida que parece captar la esencia de quién es la persona.

Los sueños y la poesía de una vida

Los sueños revelan los personajes, recuerdos, temas y miedos profundos que siempre están presentes, aunque tal vez las personas no sean conscientes de ello. De modo que, en cada encuentro, pregunto a mi cliente por un sueño concreto con toda su imaginería. Necesitamos acceder a las profundidades, y los sueños, con toda su imaginería vaga, revelan patrones y subpersonalidades que influyen en la vida diaria. Muestran cómo el pasado interviene en el presente proporcionando imágenes de personajes y patrones arquetípicos, y suelen ser oportunos, ya que identifican asuntos críticos en ese momento.

Como terapeuta enfocado en el alma, tengo que procurar no quedarme atrapado en cuestiones de la vida que son urgentes para el cliente, pero que no son demasiado relevantes. Tengo que conservar por lo menos una parte de mi atención centrada en asuntos menos visibles. El cliente dice que tiene problemas con una relación con una mujer mucho mayor que él. Recuerdo que ya ha estado antes en esta situación.

Recuerdo historias de su niñez y su intensa conexión con su madre. Recuerdo su hábito de comer demasiado cuando está afligido y su tendencia a llorar cuando ve sufrir a alguien. La unión de todos estos factores me da una idea de la esencia del hombre, de la mitología que define su vida o, por lo menos, de sus temas principales y de la persona que es tras todas esas experiencias. Me estoy acercando al alma inmortal, intemporal. Recuerdo mis estudios sobre una madre divina adorada por hombres que poseen una sensibilidad extraordinaria y que tienen una gran necesidad de cuidar de los demás. Me pregunto si, para este hombre, la mujer mayor es una madre divina que aparece una vez más en su vida.

Para ver el alma de mi cliente, necesito que se den ciertas condiciones. Tengo que estar tranquilo, no debo dejarme llevar ni por la excitación ni por la temeridad. No puede cegarme la necesidad de hacerlo bien con él, o de curarlo, o de comprender totalmente su situación. Tengo que escuchar atentamente y dejar que mi imaginación receptiva esté activada al máximo. Tengo presente una de mis frases favoritas del poeta Rainer Maria Rilke, que describe la apertura de una flor al sol matutino refiriéndose a «un músculo de receptividad infinita». Intento imaginar ese músculo delicado que abre una flor y lo encuentro en mí mismo cuando escucho las palabras llenas de emoción de mi cliente, que habla a un nivel que ni siquiera él capta.

El mito bajo la historia de la vida

En gran parte, la terapia consiste en contar historias y escuchar historias. Un terapeuta necesita un oído agudo porque tiene que oír las historias dentro y detrás de las historias contadas y aguzar el oído hasta poder captar el relato mítico, el que solo se susurra de fondo y que, aun así, expresa la esencia de la historia. El mito describe la experiencia humana básica, el nivel arquetípico, que sostiene la historia de los hechos en el tiempo. La clienta cuenta historias de su vida, pero el terapeuta escucha el ruido del mito en el interior de las sencillas historias de la vida.

Las posibilidades de las aventuras del alma son mayores que las de las estampas de los días corrientes. Están recogidas en los mitos, los cuentos de hadas y las leyendas, no en las historias personales, a no ser que profundices lo suficiente en ellas para vislumbrar el mito. De modo que siempre busco la historia más grande en los detalles simples, literales, de la vida diaria. Escucho bajo la superficie en busca del gran relato antiguo, la historia del alma. Para escuchar de esta manera, va bien conocer mitologías, cuentos de hadas e historias populares.

Si fundara mi propia escuela de psicoterapia, incluiría clases de mitología y relatos populares, las historias de las tradiciones espirituales e incluso novelas y narraciones cortas, cosas, todas ellas, que educan la imaginación, de modo que el terapeuta está preparado para oír el ruido profundo de las narraciones primigenias cuando le cuentan una experiencia personal. Un terapeuta debería ser un experto en historias, alguien que no solo escucha bien, sino que también ayuda a los clientes a contar sus historias de forma vívida y significativa.

Naturalmente, un amigo puede detectar también las grandes historias ocultas en los sencillos relatos de la vida cotidiana. Todo el mundo tiene una oportunidad de educarse en los diversos géneros literarios. Hasta un ligero conocimiento es de ayuda cuando estás escuchando las preocupaciones de un amigo. Las grandes historias suelen asomar a través de las simples y sencillas.

Un amigo que escucha un relato deprimente podría decir: «Pareces Hamlet. Me pregunto si está viviendo en ti en este momento».

Las mitologías clásicas incluyen figuras sobrehumanas: dioses, diosas, ninfas, héroes. La mitología personal consta de acontecimientos de la vida que sobresalen y definen a una persona, incluidas personas destacadas y lugares que poseen un significado especial. Algunas cosas que ocurren en la infancia pasan a ser una referencia constante más adelante en la vida. Ciertos episodios y personalidades tienen el peso suficiente para actuar como figuras míticas, y ciertas historias potentes se juntan para formar una mitología personal.

A nivel cultural la mitología explora los grandes temas de la existencia: el bien frente al mal, la pérdida de conciencia, la búsqueda del alma, el aspecto viajero de la vida, el amor transcendental. Cada persona posee una mitología paralela que puede contarse en términos personales: separarse del padre y la madre, competir con un hermano, encontrar una pareja sexual, enfrentarse a dificultades y obstáculos, encontrar nuestro lugar en la comunidad. Estas son algunas de las búsquedas en las que participa el alma de una persona.

Un hombre me cuenta que en su infancia sus padres trataban con favoritismo a su hermano y le dieron muchas oportunidades. Consideraban que mi cliente era menos inteligente y no necesitaba educación. Tendría una vida corriente sin ninguna oportunidad especial. De hecho, el hombre tenía talento y acabó triunfando. Pero emocionalmente se sigue sintiendo desatendido e ignorado. El éxito personal no basta para superar los recuerdos de desatención de la infancia.

En un sentido más amplio, el mito cultural de esta pequeña historia podría ser el relato del héroe abandonado o relegado. A Moisés lo ponen en una canasta y lo mandan río abajo, lejos de su gente. La bruja malvada separa a Rapunzel de sus padres y la encierra en una torre. Estos son relatos potentes de abandono. Quizá podrían arrojar luz sobre la sensación de desatención de este hombre. Quizá su problema principal es una carencia temprana de amor y atención.

Temas y patrones

Una forma de ser terapéutico es acumular historias sobre un tema. Las experiencias de un cliente suman capas de imágenes y narración, y poco a poco empiezas a vislumbrar un patrón y después una narración. Tus conversaciones se amplían y se profundizan. Las intimidades se multiplican. Finalmente detectas los grandes temas de su vida.

Terapéuticamente, va bien saber que nuestro hombre, al que sus padres menospreciaban, es siempre el chico al que dejaron solo para que se las apañara por su cuenta. Esta historia es ahora una parte de su carácter, indeleble y eterna, de alguien que siempre está buscando, en vano, recibir un cuidado especial. La terapeuta tiene que estar atenta a no entrar en este drama e interpretar sin darse cuenta el papel de un progenitor negligente, ni siquiera el de uno sensible que lo apoya. Puede que el cliente la vea en ese papel a pesar de las intenciones de la terapeuta de ser diferente. Más adelante comentaremos las complejidades de la transferencia.

Las muchas historias que dan forma a una vida suelen aparecer en capas, empezando por los detalles personales, seguidos de los temas más grandes hasta llegar a los mitos y los cuentos de hadas. Resulta útil saber en qué narración estás. De otro modo, lo único que tienes son acontecimientos y emociones. La narración ofrece la primera capa de sentido y es, por lo tanto, crucial.

Te preguntas a ti mismo: *¿Cuál es el argumento subyacente en la historia de mi clienta? ¿Cuál es la emoción principal? ¿Dónde está intentando llevarme a la hora de conocerla? ¿Qué le preocupa?* Las preguntas que te haces se vuelven más peliagudas. *¿Cómo interfiere inconscientemente mi clienta en la terapia? ¿Está omitiendo partes importantes de la historia? ¿Cuál es su sesgo?*

Estas preguntas hacen que tu forma de escuchar sea adecuadamente compleja y sofisticada. Quien sabe escuchar no es quien lo oye todo, sino quien oye lo que no se dice, lo que se ha omitido o tergiversado. El terapeuta es a veces un detective, conocedor de que el cliente, aunque quiera ser franco y sincero, no le contará toda la historia. No permitas que esta situación te vuelva cínico. Puedes seguir apreciando y admirando a tu cliente. Simplemente sabes que la naturaleza humana es complicada y que las historias profundas tardan en emerger. La resistencia no suele ser intencionada, sino más bien una expresión de la neurosis.

La terapia consiste, básicamente, en contar historias y escuchar historias. Esto obedece a que la vida está compuesta de historias. Una historia tiene la ventaja de disponer a menudo de muchas capas, ser entretenida, provocadora y más reveladora que los meros hechos. De modo que a un terapeuta se le tiene que dar bien lidiar con historias. Historias y sueños: estos son los ingredientes principales de la psicoterapia. Nos proporcionan una pista sobre las aptitudes básicas que debería poseer un terapeuta profesional y la orientación que podría tener un amigo tras prestar atención y ofrecer ayuda.

A modo de resumen, he aquí unas cuantas pautas con el «terapeuta» no profesional en mente:

> Tu capacidad de ser empático y compasivo es tu principal recurso con un amigo o con un familiar a quien quieres prestar auxilio «terapéutico».
>
> Mira en tu interior y distingue entre tus necesidades y las de tu amigo.
>
> Escucha más allá de las historias obvias y literales que te cuentan y oye las narraciones más grandes, más profundas y más sutiles.
>
> Estás cuidando del alma de tu amigo, no juzgándolo ni aconsejándolo. Esfuérzate por tener la mente abierta.
>
> No pienses en la vida de tu amigo como en un problema que hay que resolver, sino como en una experiencia complicada que está intentando poner en orden y solucionar. Ambos compartís ese objetivo en tu vida además de en la suya.

Aumentaré esta lista cuando entre en cuestiones más sutiles y que suponen un mayor reto todavía.

> **Una historia de la vida es un enorme placer.**
> **Revela lo oculto, lo secreto, y da visibilidad**
> **a los dramas del alma.**
> **Es el comienzo de la terapia de la psique.**

2

Las historias que vivimos

Umberto Eco, el gran novelista e intelectual italiano, escribió una vez: «Cada historia cuenta una historia que ya ha sido contada». Si analizas atentamente cualquier historia que cuentas sobre tu vida cotidiana, podrás detectar una leyenda o algún otro gran relato que lleva contándose miles de años. Como bien señaló Joseph Campbell (1949), «La última encarnación de Edipo, el ininterrumpido romance entre la Bella y la Bestia, están esta tarde en la esquina de la calle Cuarenta y dos y la Quinta Avenida, a la espera de que cambie el semáforo» (p. 4). Todas las grandes historias del mundo tratan de nuestras pequeñas vidas cotidianas, y las historias sobre nuestras vidas reproducen los grandes mitos y leyendas.

Si suprimiéramos de nuestra vida la narración de historias, ¿qué quedaría? Nada. Todo, desde un horario de trenes hasta un diccionario enorme o un laboratorio científico, está ahí como parte de historias más grandes, más fabulosas y más profundas. Las noticias del mundo nos llegan en forma de historias. En cierto sentido, lo único que tenemos son nuestras historias, de modo que es lógico que una práctica tan básica para la vida humana como es el cuidado del alma se fundamente en las historias.

Básicamente, una conversación terapéutica es simple: se trata de dos o más personas hablando entre sí sobre cosas que importan. La terapia suele conllevar que una persona cuente historias de su vida mientras la otra la escucha atentamente. El terapeuta habla, pero mucho menos que el cliente.

De algún modo, esta sencilla actividad humana que se lleva realizando desde los albores del tiempo es una «cura del habla». Hay algo profundamente terapéutico en el hecho de que una persona escuche generosa, atenta y abiertamente las historias de otra. Es uno de los actos principales de la interacción humana, y tiene la capacidad de aliviar el dolor emocional y poner lo suficientemente en orden la vida como para ofrecer cierto grado de calma y de felicidad.

Los niveles de una historia

Un especialista podría decir que todas las historias son multivalentes. Esto significa que funcionan en varios niveles a la vez. La historia puede oírse de muchas formas, a veces incluso contradictorias, y cada una de estas diversas capas ofrece una impresión profunda. Al principio puede resultar difícil decir de qué va la historia, pero es importante absorber todas las capas antes de llegar a ninguna conclusión. Hasta tus conclusiones pueden estar llenas de contradicciones y paradojas. Un buen terapeuta desarrolla lo que el poeta John Keats denominaba «capacidad negativa», «cuando un hombre es capaz de estar inmerso en incertidumbres, misterios y dudas sin una búsqueda irritable del hecho y la razón».

Una persona que escucha pacientemente aguanta la incertidumbre y el misterio. No tiene que explicarlo todo. Los hechos pueden dejarla estupefacta y hacer que se pregunte hacia dónde ir a continuación. La complejidad de la vida humana puede aturdirla. Si tiene paciencia, al final toda esa complejidad se transformará en sentido que calma las emociones.

En la terapia, cuando una persona cuenta una historia especialmente potente, no tienes que buscar una interpretación definitiva. Disfrutas de la historia, sonsacas detalles y hablas sobre las diversas ideas que ofrece. Esa historia puede ir reapareciendo en busca de nuevas respuestas a lo largo de semanas, meses y, a veces, años. Puede seguir contribuyendo a la evolución de tu comprensión de lo que ocurre en la vida de esta persona. Si explicas la historia o la interpretas demasiado, puede que destruyas esta potente fuente de vida del alma.

He aprendido poco a poco esta lección a lo largo del tiempo y a partir de la experiencia. Si puedes mantenerte abierto a la historia y dejar que se vaya revelando gradualmente, tanto el cliente como tú llegaréis a nuevos lugares. A veces, en una historia, puede surgir incluso una resolución sin la ayuda de una comprensión clara y con muy poca interpretación. Con el tiempo conoces la diferencia entre emplear tu mente a fondo para descifrar una historia y dejar que sus detalles confusos surjan de golpe y presenten un nuevo enfoque de la vida del cliente.

Algunos terapeutas prefieren las interpretaciones y las conclusiones, pero esta necesidad de una resolución final puede hacer que sea difícil hablar a fondo de la historia. Una historia es algo vivo. Se trata de permitir que tenga un impacto en ti más que de manipularla en beneficio propio. Puede que exija más presencia de ánimo aceptar una historia con todas sus partes que explorarla en busca de un solo sentido. Puedes dejar que la historia te provoque pensamientos y sentimientos, te despierte recuerdos, ideas y otras historias. Dejas que una red de material se extienda a partir de la historia, y esa maraña de muchos detalles es el sentido. No quieres un resumen fácil o conciso del argumento y los personajes. Quieres que el argumento te conmueva y sentir que conoces a los personajes.

Puedes pensar que una historia de la vida despierta la imaginación y ofrece una catarsis, disipa la confusión y la perturbación. Una historia enriquece tus recuerdos y tu interpretación de los acontecimientos. Muchas historias, o una historia contada muchas veces y de muchas formas, hacen más profunda tu reflexión sobre los acontecimientos, lo que te da una mayor oportunidad de aclarar tus emociones sobre ellas. Estás buscando un mayor entendimiento, no la solución a un misterio.

Al terapeuta profesional le puede resultar más difícil esta regla sencilla de las historias que al terapeuta no profesional. Los profesionales pueden pensar automáticamente que su trabajo, y el objetivo de su educación, es resolver misterios y aprender de las historias que cuenta la gente.

Un terapeuta puede valorar personalmente ciertas clases de historias más que otras. El cliente empieza a hablar sobre un progenitor o sobre un episodio de su infancia, y el terapeuta piensa: «Ahora estamos llegando a alguna parte». Pero una historia sobre comprarse un coche ese día puede ser igual de reveladora.

Es probable que el no profesional se concentre menos en la historia familiar y esté más abierto a toda clase de historias. Por otro lado, el no profesional puede tener tendencia a tomarse las cosas en sentido literal.

El maestro zen Shunryu Suzuki (1973, p. 22) afirmó que un estudiante de zen debería tener siempre la «mente de un principiante». «En la mente de un principiante no existe el pensamiento "he logrado algo". Los pensamientos egocéntricos limitan nuestra vasta mente. Cuando no tenemos ningún pensamiento de logro, ningún pensamiento del yo, somos verdaderos principiantes. Entonces podemos aprender realmente algo.»

Es probable que el terapeuta no profesional que ayuda a un amigo se acerque más a la mente del principiante que el profesional, y esta es su ventaja. Desde determinado punto de vista, su falta de formación es su mente del principiante. Suzuki enseña a despejar tu mente de grandes objetivos y expectativas.

No dejemos atrás demasiado deprisa esta idea importante: la mente del principiante. Significa estar extraordinariamente abierto a lo que la historia tiene que ofrecer, reprimiendo la necesidad de pasarse de listo y resolver la historia antes de que haya desprendido su verdadero significado. La mente del principiante no es estúpida, sino que más bien se trata de que no está llena de prejuicios ni de ideas preconcebidas.

La mente del principiante me ayuda a observar mis sutiles reacciones ante una historia que se está contando. Me viene a la cabeza una idea extraña. Podría descartarla, porque no tiene ninguna relación evidente con la conversación, pero no lo hago. La escucho, aunque no sé dónde podría llevarme. He aprendido que explorar la narración sobre la vida de una persona no es un procedimiento lógico. Puedes hacer lugar a los elementos ilógicos, y a menudo son los más ricos. Hoy suelo decir: «Mientras usted hablaba, se me ha ocurrido una idea curiosa. Permítame que le hable de ella. No sé qué significa».

Una clienta dice: «Cuando éramos pequeños, mi padre solía llevarnos al campo en coche». Oigo esta sencilla frase, y un pensamiento me viene a la cabeza. Pregunto: «¿Qué clase de coche tiene en la actualidad?» No es simple curiosidad, que figura en mi lista de reacciones prohibidas, sino una idea suelta, no del todo inconexa, pero carente de lógica. La clienta responde: «Tengo un Audi. Le aseguro que jamás tendré un Ford porque ese es el coche que tenía mi padre». Y así hemos iniciado el tema de la rabia constante que le suscita su padre y sus formas de distanciarse de él incluso hoy en día. Este nuevo tema no es ninguna distracción, sino un elemento importante incluido en la historia original, a la espera de ser detectado. Una persona a la que se le da bien escuchar descubre lo que está oculto en un detalle inocente.

La sombra de una historia

A veces idealizamos las historias. Seleccionamos las positivas y les damos interpretaciones positivas. Pensamos que siempre es bueno para los clientes contar sus historias, y tratamos de ser muy receptivos a la hora de oírlas. Esperamos que las historias sean inspiradoras, y es este valor positivo lo que consideramos terapéutico. No recordamos que las historias pueden resultar engañosas, pueden omitir detalles importantes y pueden ser rígidas.

Las historias pueden tener también un lado oscuro. Una persona puede contar la misma historia una y otra vez para evitar enfrentarse a un recuerdo o verdad dolorosos. El objetivo de la historia puede ser ocultar en lugar de revelar. La historia puede camuflar información no deseada en una cobertura narrativa positiva. Puedes pensar que una persona se está desahogando, cuando en realidad se está escondiendo. La terapeuta también tiene un lado oscuro, en la medida en que tiene que recelar y buscar indicios de que el cliente puede estar engañándola.

Una clienta no siempre cuenta sus historias de forma inocente e ingenua. Al contar una historia determinada o contar una historia de cierto modo, puede estar intentando ayudarme a saber quién es y lo que ha experimentado. Seguramente entiende su vida de cierto modo e incrusta su idea en su historia. Valoro su intención, pero preferiría oír la historia pura.

Peor aún, un cliente puede intentar mantener la conversación en territorio seguro o proteger a alguien valioso para él. O la forma en la que cuenta la historia puede estar originada por un profundo complejo emocional. Consciente o inconscientemente, el cliente está intentando ser más listo que el terapeuta. Quiere y no quiere. Se presenta y cuenta una historia de un modo que podría despistar al terapeuta.

Todos estos aspectos dudosos de la historia son también aplicables a los amigos que intentan resolver un problema. La persona que ayuda puede sospechar que la están despistando y tiene que encontrar un modo de enfrentarse y de llegar poco a poco a la narración más veraz. Para ella, sería importante no juzgar a su amigo por esquivar los hechos, sino más bien entender que una historia manipuladora forma parte de la situación; es material para una discusión más profunda.

Una terapeuta tiene que ser lista. Tiene que entender que hay algo en la gente, normalmente no deseado, que quiere bloquear la terapia. En ocasiones los terapeutas se refieren a este bloqueo como *resistencia*, pero esta palabra se basa en el ego. Sería mejor pensar arquetípicamente. ¿Es posible que el cliente tenga un temor antiguo a enfrentarse a algún acontecimiento o alguna relación del pasado? O quizá el cliente simplemente sea una persona reservada a la que no le gusta hablar demasiado de ella misma. Más adelante, examinaremos el mito de Dafne y comprenderemos que la gente posee una necesidad inherente, que no es una resistencia neurótica, de proteger su privacidad y su integridad. Puede que sus omisiones no obedezcan a una resistencia sino a una reticencia.

Cuando piensas arquetípicamente antes que en la esfera de las circunstancias personales, el moralismo disminuye o desaparece. En lugar de una culpa basada en el ego, ves una necesidad. No culpas a tu cliente por ser evasivo. En lugar de ello, comprendes que algo en lo más profundo de esa persona quiere mantener oculta esta historia concreta, y que para ella puede ser más importante encubrir los detalles que intentar ser totalmente honesta.

A menudo digo a mis clientes que prefiero que no me lo cuenten todo y que no sean totalmente honestos. No quiero empujarlos a ignorar la necesidad de privacidad de su alma. La sumisión surge de la culpa; mientras que plantearse cuidadosamente qué revelar, e incluso, qué ocultar, se acerca más al alma.

La gente es complicada. En su interior existen los impulsos contradictorios de sacar a la luz su experiencia y de no hablar en absoluto de ella. Es posible que los clientes quieran revelar su vida y, al mismo tiempo, ocultarla. Todo esto hace que el trabajo principal del terapeuta, escuchar, sea más difícil. Tienes que pensar y escuchar polifónicamente, valorando la validez de temas y narraciones contradictorios.

La historia engañosa

Algunas personas son además crédulas y perpetúan las historias que los miembros de su familia llevan contando desde hace años y décadas. No se han planteado que las viejas historias familiares, a menudo amenas y entrañables, son formas sutiles de encubrir oscuros secretos familiares y de proteger a determinados miembros queridos de la familia. Como terapeuta, intento mantener en funcionamiento mis dotes de Sherlock Holmes. Recelo de las historias que son demasiado buenas y nobles como para ser ciertas. Una vez más, no me hago, literalmente, una mala opinión de mi cliente y su familia, sino que, simplemente, reconozco el funcionamiento de la naturaleza humana.

De modo que no idealicemos las historias, aunque alabemos su valor. Todo tiene una sombra, incluidas las historias que contamos con aparente inocencia. En la terapia, procuro siempre contemplar lo contrario de lo que me cuentan, o por lo menos una versión y explicación alternativas.

Este espíritu de contradicción es una de las herramientas que utilizo regularmente. No solo contemplo una posición contraria a las historias y sus interpretaciones, sino que normalmente expongo mi punto de vista opuesto. Mis clientes están tan acostumbrados a que les ofrezca una alternativa a sus explicaciones bien argumentadas que, después de terminar de contarme lo que piensan, esperan expectantes que los contradiga. Lo hago con cierto aire de diversión y franqueza, a pesar de que el asunto puede ser muy serio. No estoy criticando a mis clientes; estoy ofreciéndoles alegremente mi acostumbrada y a menudo valorada versión alternativa.

Repetición musical

Pasé muchos años estudiando teoría y composición musicales. Y considero que mis conocimientos musicales me ayudan en la terapia.

Un aspecto de la música que es sutil y poderoso, a la vez, es la forma como se repiten melodías, armonías y pequeños fragmentos de temas.

La repetición musical suele producirse durante la terapia. Un cliente pregunta, nervioso: «¿Debería contarle de nuevo esa vieja historia? Estará cansado de ella». Puedes preguntarte a ti mismo *¿Por qué tiene tantas ganas de repetir esta historia?* Y va y me cuenta la vieja historia de todos modos. Rara vez la historia es exactamente como la primera vez. Normalmente hay variaciones: una buena forma musical.

Cuando se repite la historia, podrías preguntarte si el problema principal de la historia sigue sin resolverse y continúa preocupando a tu cliente. O tal vez necesite convencerse de la validez de la historia tal como la está contando. Puede complacerle contarte esta historia concreta, y una vez más tienes que preguntarte de qué va todo eso. Todo este material surge simplemente porque el cliente repite una historia.

Puedes invitar a tus clientes a contar una historia más de una vez, quizá muchas veces. Fomenta la repetición. A la gente suele resultarle incómodo contar la misma historia una y otra vez. Tal vez una persona omitiera algo la primera vez que la contó. O quizá la siguiente vez la historia contenga ciertos cambios y añadidos, un énfasis distinto o un final alternativo. Es posible que se haya quedado algo sin contar, y entonces sea el momento de sincerarse.

Por otro lado, puede que simplemente la historia precise ser repetida para ser oída y valorada mejor. Contarla repetidamente confiere a la historia un poder añadido y, a veces, algo de ritual. Si oyes una historia que ya has oído antes, además de nuevos detalles, puedes oírla con más intensidad simplemente porque ya la has oído antes. A veces, tomo la iniciativa y digo: «¿Querría contarme otra vez esa historia sobre el accidente en barca?»

Cuando escuchas una historia contada, tal vez con valentía por una persona que titubea al revivir el pasado, podrías oír cosas que ella no oye. Puedes tener una nueva perspectiva, de modo que, con el oído acostumbrado a la historia, es como si te la contaran por primera vez. Puedes oír matices en los que antes no te habías fijado o puedes captar un detalle que habías pasado por alto.

Puedes decir: «Lo que oigo en tu historia es…». Una vez una mujer me estaba contando cómo su hermano tenía la costumbre de golpearla en broma, pero de una forma que a ella le dolía. Se estaba quejando, pero le dije: «Lo que oigo en su tono de voz mientras me cuenta la historia es orgullo. Parece orgullosa de su hermano». Al oírlo, se echó a llorar, porque lo cierto es que tenía sentimientos encontrados. Su historia tenía más que ver con la atención que le prestaba su hermano que con la agresividad de su actitud.

Puede que a veces oigas algo extraño en la narración, pero que al principio no esté claro cuál es el problema. Puedes señalarlo y preguntar al respecto. Una vez un hombre me estaba contando una historia sobre su vida en el trabajo y mencionó una ventana. La palabra me resultó peculiar, pero no sabía por qué destacaba. «Ya lo sé —dijo el hombre—, un día mi padre me roció con agua desde lo alto de una ventana. Me pareció una maldad por su parte.» Seguimos adelante, comentando el episodio que permanecía en la memoria del hombre, y que afectaba su relación con su padre y con todas las figuras paternas después de lo sucedido.

También podrías observar un tema conocido en una historia personal. Puede ser un mito, un cuento de hadas, una novela o una película. Algo escondido en la historia que te están contando. Para ver la historia más grande, aquella de la que hablaba Umberto Eco, tienes que leer y estudiar mitología y novelas y cuentos, lo que es una buena preparación para la escucha terapéutica. Es habitual, por ejemplo, oír la historia de la Cenicienta cuando una mujer habla sobre cómo sus hermanas la obligaban a hacer las tareas domésticas y su madre las prefería a ellas. El cuento de hadas te prepara para oír y valorar la historia de un modo más amplio.

Los cuentos de hadas permiten comprender de un modo especial un acontecimiento vital porque ponen de relieve ciertos temas como la magia, los hechizos, las luchas con el mal, y personajes extraños que pueden aparecer en la vida. Reconocer el tema de un cuento de hadas en el relato de un cliente o de un amigo puede ayudarte a fijarte en lo que la persona intenta decir. Para afinar mis aptitudes a la hora de escuchar, me he pasado años reflexionando sobre el significado más profundo de los cuentos de hadas.

Terapia sin historias

No puedes presuponer que una persona tendrá una historia rica, ni, en realidad, historia alguna que contar. Hacen falta las condiciones emocionales adecuadas para contar una historia importante. Hasta que esas condiciones no se presentan, estás en un estado previo a la historia. Es en este punto en el que se encuentran muchos clientes. Sienten el dolor y la confusión emocionales, pero no pueden expresarlo en forma de historia. Es una situación válida. Sería una muestra de vanidad de un terapeuta pedir o esperar una historia antes del momento indicado. Necesitas paciencia con la fase previa a la manifestación de la historia, que puede durar mucho tiempo (Estess, 1974).

No animo a nadie a contar historias cuando no surgen de forma natural. La situación es parecida a la de sentirse atrapado sin ir a ninguna parte. Te permites estar ahí con lo que te dan. Es un tiempo sin historias, aunque tú, teóricamente, crees que la terapia consiste en contar historias. Todo está definido por su opuesto. Para ser receptivo a las historias, tienes que ser receptivo a la ausencia de historias.

Con el tiempo se puede llegar a un punto en el que puede contarse una historia. Una persona puede empezar con una emoción, cierta incomodidad física, o un deseo tranquilo de hablar o de cambiar. Esta fase es diferente a la fase sin historias. El cliente farfulla y aparecen fragmentos de una historia. Entonces puedes favorecer una historia preguntando por la emoción o el deseo. «¿Cuándo apareció? ¿Cómo es?» Esta curiosidad útil puede dar lugar a una historia. A menudo, basta un intento vacilante de narración para transformar un conjunto de sentimientos en una historia.

Siempre puedes preguntar por la infancia o por los primeros años. «¿Cómo se sentía entonces? ¿Ocurrió algo para despertar esta clase de sentimientos?» O simplemente, «¿Cuáles son sus primeros recuerdos?» Te sorprendería cómo un simple empujoncito sincero puede hacer aparecer una historia importante en la conversación. Entonces estás en el territorio de la narración, en el que el motor de la terapia ronronea.

Digo empujoncito «sincero» porque a veces la curiosidad es superficial, una simple búsqueda de más información a modo de diversión. O es automática y carece de propósito. Para ser de ayuda necesitamos palabras de poder, no de ociosidad; palabras que surgen de nuestra escucha profunda y que responden a los sutiles tonos y revelaciones que oímos. Escuchar y hablar son el yin y el yang de la terapia conversacional, dos caras de una moneda, intensas y generosas.

Soy partidario de una conversación agradable como el mejor modelo de conversación terapéutica, más que de una discusión tensa, demasiado concentrada y analítica. No solo la amistad invoca al alma, también lo hace la cordialidad. Recuerda siempre que estar en presencia del alma es el objetivo principal de la psicoterapia, el cuidado del alma, tanto si se hace en la consulta de un terapeuta como entre amigos mientras almuerzan.

Empezó a contar su historia,
se lo pensó mejor y se detuvo.
Yo empecé a escuchar su historia,
me lo pensé mejor y me detuve.
Una historia tiene voluntad propia y
sabe cuándo debe ser contada.

3

Los mitos escondidos

Una de las historias más curiosas de la mitología griega es la del dios Hermes. El primer día de su vida, siendo un bebé, observa el ganado de su hermano Apolo en un pasto y lo quiere para él. Ata hábilmente a los animales unas ramas a sus patas y los hace salir del campo para que nadie sospeche el robo. Entonces, cuando su hermano se queja, niega haber hecho nada. «Solo soy un bebé», afirma.

Se trata de uno de los principales dioses de los griegos, adoptado por los romanos como Mercurio, el patrón del lenguaje, los negocios, los viajes y las bellas artes. Es el «guía de las almas», que enlaza el cielo con la tierra. Es el factor intermedio, el conector, muy sexual y fálico, lleno de sombra, que representa las necesidades importantes de la vida, como la imaginación y las habilidades lingüísticas, pero también los factores más sombríos como el engaño doloso, la familiaridad con el inframundo, y la falta de respeto de las buenas costumbres.

Menciono a Hermes por dos motivos: sus formas, a menudo en los márgenes de la corrección, son importantes para la terapia, aunque son sutiles. Hermes representa la capacidad de usar hábilmente el lenguaje y las imágenes, de explorar múltiples niveles de significado y de valorar la sorpresa y la sincronicidad. Un terapeuta o un amigo servicial que se inspira en Hermes busca descubrimientos y revelaciones inesperados. Está tras la barrera y entre las grietas. Detecta comentarios y gestos apenas perceptibles, y presta atención al estilo además de al contenido. Se fija especialmente en las cualidades de la sombra, y puede comprenderlas. Y sabe que no puede esconderse detrás de su pericia ni de su vida satisfecha o de la imagen saludable que sus clientes le proyectan.

Tras algo de experiencia en la terapia, te das cuenta de lo agudos que tienen que ser tus oídos y tu mente. Los comentarios que hace una clienta de pasada, y que tan importantes son para comprenderla, apenas serían perceptibles para una persona corriente. Es como si tuvieras varias orejas, y cada oído estuviera sintonizado para percibir un mensaje distinto que se dice. Y tienes que usar el lenguaje con una habilidad y una maniobrabilidad extraordinarias. Tienes que ser inteligente e ingenioso, y poseer tus propias cualidades de la sombra.

Aliado con Hermes, puedes moverte sincronizadamente con la otra persona, sujetando las riendas lo bastante flojas como para que tu clienta pueda llevarte a lugares desconocidos. La sigues para poder ver su mundo y sentir sus sensaciones. Puedes cederle todo el control para mostrarle que es posible vivir con confianza, y reducir así cualquier posible ansiedad. Una de tus tareas es propiciar que el alma salga de su escondite.

La vida en los márgenes puede significar desviarse de las costumbres y los requisitos de la terapia tradicional. Con Hermes sobre tu hombro, puedes forzar las normas. Un cliente llama para cambiar la hora, te pregunta cordialmente cómo te va y entabláis una breve conversación normal. *¿Debería hacer esto? ¿Es profesional? ¿Hay alguna intención oculta?* Hermes está cerca, de modo que disfruta de esa breve charla olvidándote de tu paranoia profesional, a sabiendas de que un intercambio cordial de palabras puede iros bien a ambos.

Según Rafael López-Pedraza, uno de los fundadores de la psicología arquetípica, el terapeuta tipo Hermes no se esconde en su dignidad, sino que baja al lodazal de la lucha y la ignorancia humanas. Un terapeuta inspirado en Hermes, por más sano y sagaz que sea, no está por encima de su paciente, sino que está en contacto con su propia fragilidad humana. No usa su mente racional tanto como su corazón empático y presta atención a detalles físicos que un terapeuta más convencional podría pasar por alto. Es también a veces astuto y sutil, y no siempre franco.

Una clienta con la que hablo en línea, al ver mi despacho en la pantalla, me dice: «Me gusta su despacho. Siempre lo imaginé en una casa grande y bonita, y en su sofisticadísima biblioteca». No sabe que, en realidad, estoy en una habitación diminuta, sin espacio para poner cosas como bolígrafos, blocs de notas o archivadores. Lo que queda fuera de pantalla es un desbarajuste de cosas. ¿Pero debería acabar con su ilusión? Creo que no. Su imagen es rica; no tiene que ser exacta. Guardo silencio. Es el Hermes que hay en mí.

Un amigo generoso que escucha el problema de otro podría evitar también la tentación de sentirse superior. No eres tú el que tiene el problema, por lo menos, no ahora. Pero recuerda que tú tienes tus cosas y podrías muy bien acudir a alguien para tener una charla terapéutica.

Comienzo este capítulo con Hermes porque es una figura importantísima para la terapia y también para que te hagas una idea de cómo un mito podría abordar cuestiones en la psicoterapia. Jung usaba el nombre romano de Hermes: Mercurio o Mercurius. Pero estos nombres representan, en su esencia, el mismo espíritu. Jung decía que la terapia empieza, termina y tiene lugar con Mercurius, la principal figura mítica tras la psicoterapia. Trabaja con magia, está siempre cambiando de un nivel de referencia a otro, y es pintoresco.

Es curioso que Jung hiciera hincapié en una figura mítica como comienzo y final del proceso terapéutico alquímico. Yo intuyo de modo parecido que Hermes es nuestra principal inspiración como terapeutas. Y también comienzo con él nuestra discusión sobre el mito. Pero ahora me gustaría ampliar nuestra conversación y observar la mitología desde un punto de vista más general y examinar su papel en la psicoterapia.

Sensibilidad al mito

Hoy en día mucha gente tiene un conocimiento positivo e inteligente del mito gracias al eficacísimo trabajo de Joseph Campbell, que mostró que el mito no significa falsedad o ilusión, sino todo lo contrario, los hilos más profundos e importantes de la experiencia humana. Los mitos son historias sobre temas normalmente ocultos que nos motivan y revelan las raíces de nuestras emociones y pasiones.

Estudiar mitología ayudaría a un terapeuta a ver con mayor profundidad el relato doloroso de un cliente. El mito lleva tu pensamiento mucho más allá de los asuntos personales. Describe los grandes temas, patrones y espíritus de la vida corriente, como la fuerza y la agresividad de Marte, la sensualidad y la belleza de Venus, y la pureza y la integridad personal de Diana.

Sería un error, sin embargo, pensar en estas figuras en términos tan simples y simbólicos. Como vimos en el caso de Hermes, hablan de las dinámicas y los patrones profundos, complejos y multifacéticos en juego. Estas figuras míticas se parecen más a personalidades del reino imaginal que nos visitan con sus prejuicios y sus preferencias que a símbolos de la experiencia humana (Hillman, 2007).

Otro erudito de la mitología griega, Karl Kerényi, hizo un comentario en uno de sus libros que me ayuda a comprender los mitos. Al hablar de la diosa Artemisa, indicó que ella es el ambiente que captas cuando estás en plena naturaleza. Piensa que vas de excursión, que te alejas cada vez más del mundo civilizado. Captas una pureza inmaculada. Esa sensación es la esencia de la diosa mítica Artemisa. La has conocido y has estado cerca de ella. Ahora, cuando leas sobre ella o imagines que está en el trabajo contigo, sabrás con tus sentidos quién es, y, en cierto modo, quién eres tú. Es ese olor a aire puro, ese aspecto impoluto de la naturaleza y la sensación especial de no estar en el mundo ajetreado y ruidoso o con otra gente. Es todo ese reino de pureza natural que obra a través de ti. Es tu yo natural, o mejor aún, el espíritu que rezuma tu ser natural.

Artemisa está viviendo en ti cuando necesitas sentirte puro y limpio, como la naturaleza sin civilizar. Está ahí cuando quieres ser un individuo y no seguir a la multitud. Aparece cuando te enoja que la gente te diga qué hacer y espera que seas otra persona. No es que Artemisa simbolice tus emociones. Ella es una presencia real. Te lleva a sentir y actuar de cierto modo. Puedes encarnarla, sentir que es una presencia personal en ti y en el mundo, todo ello sin tomártelo al pie de la letra.

Algunos autores presentan los mitos como categorías o plantillas: cajas con etiquetas en las que colocar los problemas de una persona. Pero los mitos son mucho más sutiles y activos. Al estudiar las grandes mitologías del mundo, adquieres una visión más amplia y más profunda de lo que motiva a las personas y explica sus elecciones y sus actos. Descubres que no vives tanto la vida como la vida, en toda su variedad, vive a través de ti.

Vivimos una época de personalismo. En el ámbito psicológico explicamos casi todas las conductas en términos personales. Pero los mitos pueden ampliar considerablemente esta visión. Personifican factores como la Ira, el Amor, los Celos, el Conflicto, la Belleza y esta personificación saca estos elementos de las formas objetivas, demasiado restringidas, en las que solemos hablar de ellos. Vemos las emociones como la ira y el amor como fuerzas vivas en nuestro interior sobre las que no poseemos un poder total. Es como si fueran personas independientes que actúan en nuestro interior.

La mitología captura las fuerzas grandes y poderosas en movimiento y es de ámbito universal. Una historia mitológica no cuenta simplemente cómo una persona experimentará el amor y la pérdida, sino cómo estas experiencias son comunes a todas las personas. La mitología presenta el nivel arquetípico de la experiencia, que es común a la humanidad y está en el origen mismo de la experiencia. Un terapeuta provisto de conocimientos de mitología puede ver mejor los retos básicos y humanos a los que todos nos enfrentamos, aquí, en la vida única de un cliente o amigo.

Con una perspectiva psicológica basada en los mitos puedes culpar menos a la persona y, en lugar de eso, respetar las fuerzas como la lujuria, la rabia y la justicia que bullen en ella. Comprendes por qué la depresión, la enfermedad de Saturno, es tan inamovible y fuerte. Por lo general, percibes mejor lo que significa ser una persona. No eres un ego endeble sino un alma inmensa en la que habitan muchas fuerzas poderosas. Esta imagen muy ampliada de lo que significa ser un yo es una de las fortalezas de la psicología junguiana y arquetípica.

Con esta idea más amplia de lo que significa ser una persona y un yo, sigamos explorando unas cuantas figuras mitológicas concretas y fijémonos en el modo en que interpretan sus papeles en el desarrollo de una vida.

Perséfone

Para los griegos, el mito de Perséfone y su madre, Deméter, era uno de los principales relatos sobre la vida humana. Esta impactante historia está detrás de su principal rito de iniciación, los misterios eleusinos. En la historia, Perséfone es una joven que recoge flores cuando la tierra se abre y Hades, el señor del inframundo, aparece y se lleva a la chica a su reino oscuro para ser reina. Para comprender el impacto de este relato tienes que pensar en el impacto demoledor y profundo de la transformación de una joven a la que le gustan las flores en Señora de la Muerte. El rito de iniciación consistía básicamente en enfrentarse a la mortalidad y encontrar un modo de alcanzar la esperanza y la felicidad.

Los psicólogos que se interesan en los mitos han considerado que esta historia trata de la profundización emocional. Todos nos vemos obligados a veces a sumirnos en la oscuridad de la desesperación o la profundidad de la emoción. Las mujeres se han identificado especialmente con Perséfone, conocedoras de que la ingenuidad de una muchacha necesita profundización, a menudo a través de experiencias sombrías. Muchas mujeres me han contado historias de encuentros con hombres rudos del tipo de Hades como una clase de transición de la inocencia a la vida real. Normalmente, el despertar del alma no es tan radical y sombrío. En momentos semejantes, los sueños pueden describir una forma de descenso o destrucción que aporta más detalles sobre la naturaleza de la transformación. A menudo, en este punto, aparecen volcanes, tornados y edificios en llamas, lo que indica lo profundos y extensos que son realmente los acontecimientos que tienen lugar.

Me viene a la cabeza una mujer, Sandra, que tenía una relación insólita con un hombre muy sofisticado, Richard. Sandra estaba casada con otro hombre interesante, por quien sentía un amor fraternal, pero Richard la hacía sentir sensual. Con Richard, le gustaba la idea de hacer algo prohibido, como tener una relación fuera del matrimonio. La relación sexual era juguetona y no conllevaba practicar el coito. Aun así, ella la valoraba mucho. Al pensar en ello desde un punto de vista mitológico, tuve la sensación de que Richard era la figura de Hades, cuya función era llevar a Sandra a un nivel más profundo. Personalmente, esperaba que no se escapara con Richard, pero como terapeuta tuve cuidado de no decir nada negativo de él. Mi forma de pensar, influida por la mitología, me ahorró formular cualquier juicio que pudiera haber hecho sobre Richard.

No podía imaginarme tratar este drama complejo sin una referencia mitológica. Las chicas inocentes, de la edad que sea, necesitan que Hades llegue para alcanzar la profundización emocional, aunque su aspecto sea sombrío y peligroso. Richard estaba siempre jugando con Sandra, atrayéndola hacia situaciones sensuales, pero sin estar jamás disponible para una relación real. Sandra, por su parte, se pasaba los días vendiendo vestidos de novia, un trabajo interesante si tenemos en cuenta el matrimonio de Perséfone con Hades, e interesándose por la última moda espiritual. Evidentemente, necesitaba una estructura más firme para sus pensamientos y sus emociones. Necesitaba a Richard en su desarrollo mítico personal, pero no necesitaba forzosamente a Richard, la persona.

Cuando daba clases en la universidad, oí más de un sueño de alguna estudiante en el que iba a la biblioteca principal, entraba en el ascensor, pulsaba el botón para subir y, acto seguido, bajaba a toda velocidad. Al oír estos sueños, pensaba en Perséfone siendo conducida a las profundidades del Hades a pesar de su deseo de estar a la luz del día recogiendo flores.

Sentía que mis estudiantes podían necesitar cierta pérdida de inocencia y una experiencia de descenso y profundización. Se tomaban a sí mismos y se tomaban la vida demasiado a la ligera. Para ellos, las juergas y los amoríos eran los principales placeres y desafíos de la vida. Tanto los chicos como las chicas tenían complejo de *puella*, una actitud de niña ante la vida, que implora la presencia de una figura compensatoria que sea más madura. Estos estudiantes también recibían formación a través de Apolo, con su aprendizaje y sus ideas. Pero sus sueños los llevaban a un lugar muy diferente, mucho más profundo y oscuro. En aquel momento, su psique de «niña» necesitaba, al parecer, una diosa más fabulosa y más oscura.

También he tenido varias iniciaciones a una perspectiva más profunda al relacionarme con algunas mujeres como la joven Perséfone recogiendo flores, y descubrir dolorosamente que la Señora de la Muerte no andaba demasiado lejos. Me he sentido muy traicionado por el aspecto de la figura del inframundo, y a pesar de lo dolorosa que fue la experiencia, me hizo menos inocente. Perséfone ofrece el regalo de la madurez.

Recuerda, también, que no estamos intentando librarnos de la joven amante de las flores. La inocente Perséfone siempre está presente, y es perennemente llevada a la fuerza al inframundo, siempre bajo la invocación de la Reina de la Muerte y la Sombra. El mito solo se completa cuando están en juego las dos caras de la historia. No puedes tener profundidad sin una existencia superficial, ni sombra sin inocencia. Tanto la joven como la Reina de los Infiernos son necesarias para la historia y la experiencia.

Muchas culturas honran una figura como Perséfone, como es el caso de Ala, diosa de la tierra fértil y de la muerte y el inframundo para los igbo, en Nigeria. O Mictecacíhuatl, la diosa azteca que, con su marido, rige el inframundo. Yo me concentro en la mitología griega solamente porque la conozco bien, y porque he estudiado su papel en el desarrollo de la cultura occidental y en la psicología profunda.

Dafne

El mito de Dafne es otro relato de especial relevancia para los jóvenes. En él, una joven huye de las atenciones del atractivo dios Apolo. A veces, la gente interpreta esta historia literalmente, como si Dafne fuera una mujer moderna que escapa de un violador o un acosador. Pero el mito no es tan literal. Cuando ves el nombre de Apolo, tienes que plantearte lo que él representa: la cultura, el conocimiento, las bellas artes, la medicina, la música. Esto es lo que está intentando captar la atención de Dafne, y podría ser algo bueno. A cualquier joven inocente podría resultarle provechoso estudiar, interesarse por las bellas artes, ser culturalmente más sofisticado, etcétera.

Pero Dafne tiene algo de Artemisa (la diosa soltera de la integridad personal y la naturaleza pura). Es solitaria por naturaleza. No se la identifica con ningún hombre ni con el mundo cultivadísimo de Apolo. Dafne podría ser ese espíritu que hay en nosotros que no quiere formar parte de una pareja ni ser atraído hacia la cultura a través del aprendizaje y la sanación. Cualquiera de nosotros podría resistirse a recibir más educación, aunque esta sea buena para nosotros. Podríamos preferir vivir en el campo ecológico antes que en la sofisticada ciudad. Queremos tener la libertad de ser nosotros mismos y vivir en el mundo real. Henry David Thoreau, al elegir pasear en canoa en lugar de asistir a una conferencia, se parece bastante a Dafne. Emily Dickinson también tenía un lado de Dafne, puesto que cuidaba de las flores de la casa familiar, donde vivía inmersa en una privacidad monástica.

Supón que estás aconsejando a una amiga que se resiste a los deseos de sus padres, que quieren que estudie en la universidad. Normalmente, podrías pensar que simplemente tiene miedo o es reacia, y podrías tratar de convencerla de que supere sus bloqueos. Pero si conoces la historia de Dafne, puedes darte cuenta de que no se trata de resistencia, sino de una parte de la naturaleza de la joven, por lo menos en este momento de su vida, que quiere mantenerse intacta y no dejar que jueguen con ella. Puede que algo en ella no quiera la intromisión de una institución, aunque, como Apolo, sea por su bien. Conocer el mito influirá, sin duda, en la forma en que la ayudes. El mito te ofrece alternativas y evita que seas moralista al aconsejarla. No tienes que convencer a tu joven amiga de que deje su casa y vaya a la universidad. Que no quiera recibir educación superior puede obedecer a un impulso necesario que los griegos denominaron «Dafne».

Relacionar desafíos humanos con relatos mitológicos ha sido una técnica importante para mí como terapeuta. Me ayuda a ver las historias profundas que se manifiestan en la narración evidente de la persona que tengo delante y me ayuda a ver el origen del sufrimiento y la confusión. Oigo la historia personal, detecto el mito y, al haber estudiado el mito y su significado, tengo una imagen más amplia de aquello por lo que está pasando el cliente.

No me limito a emparejar una conducta con un mito. Eso es demasiado simple. Prefiero sumergir una característica o una experiencia personal en un baño de líquido del color de un mito concreto. El baño me ayuda a ver lo que, de otro modo, es invisible. El colorido del mito se corresponde con el colorido de la experiencia vital. Si, por ejemplo, una mujer me cuenta que no le interesa una relación en ese momento, percibo el ambiente que crea su estado de ánimo. Es el ambiente de Dafne.

Los mitos y la psicoterapia

No exagero si insisto en la utilidad de la mitología. Pero hay quienes no tienen inclinación por los mitos. No son de su agrado. Pueden sentirse más a gusto con los cuentos de hadas, las leyendas, la literatura de ficción o la poesía. Con independencia del tipo de literatura, concéntrate en los detalles además de en los argumentos principales, y piensa siempre en las metáforas. No antropomorfices las grandes figuras de los mitos. Recuerda, Apolo no es un hombre; es el espíritu del aprendizaje, la cultura, la sanación y la música.

Lamentablemente, no enseñamos a nuestros jóvenes a leer las historias por su relevancia. Simplemente enseñamos hechos e interpretaciones y nos quedamos en la superficie. Por increíble que parezca, puedes leer la historia de Perséfone sin darte cuenta de su relación con tu psique y con algunas experiencias por las que estás pasando y que suponen un desafío para ti. Por otro lado, su relato podría ser la historia más importante que hayas leído nunca.

La mitología redirige tu atención hacia lo profundamente humano en lugar de hacia lo literalmente personal. Esto es algo esencial para cualquier terapeuta, profesional o no profesional. Tu trabajo no es solo ayudar a gestionar la vida cotidiana, sino ver el marco temporal más amplio y las narraciones profundas que dan forma a toda vida. La mitología cuenta las historias que vivimos a un nivel más allá de lo evidente, y de esa forma, contribuye mucho a una forma terapéutica de ver las cosas. Los mitos personales afectan a toda la vida, no solo a un episodio pasajero.

A veces, estos mitos escondidos son muy conocidos, y su presencia, obvia. Supón que alguien fuera a contarte que un día llegó tarde a clase y su profesor le hizo llevar una gran letra *T* sujeta a la blusa. Eso la avergonzó, y ahora, de adulta, siente vergüenza cada vez que llega tarde a un evento. Podrías pensar en *La letra escarlata*, de Hawthorne, porque trata un tema similar, salvo que, en la obra de Hawthorne, llevar la letra *A* de *adúltera* era más grave. Aun así, la historia literaria, que se acerca a la altura de mito, podría ayudarte a valorar aspectos de la historia personal. Tienes que permitir las diferencias en los detalles.

Buscar el mito escondido es una técnica fundamental en la psicología de C. G. Jung, que empezó a desarrollar sus teorías en tiempos de Freud. Hablaba de la «amplificación» como método de examinar más profundamente la imaginería de los sueños y las historias. Amplificas comparando la imagen del sueño, pongamos por caso, con un mito conocido. La idea es que la mitología cuenta las historias que retratan los temas universales en toda vida humana: amor, lucha, rabia, muerte, enfermedad, familia. Si estudias los mitos y aprendes las sutilezas de la experiencia humana, puedes ser menos moralista sobre lo que está ocurriendo. Ves la necesidad, como he mencionado antes, en lugar de lo bueno y lo malo. Si estás familiarizado con la mitología o la has estudiado, abordarás la historia de tu cliente con ese conocimiento en tu caja de herramientas.

El estudio de la mitología sería una buena preparación para un terapeuta que quiere profundizar con un cliente, y tal vez observe en la vida de una persona el Éxodo, la liberación de algún cautiverio al que está sometido, o la Odisea, un viaje de vuelta al lugar que considera su hogar y que es su sitio.

Gracias a sus conocimientos sobre mitología, Jung era capaz de ver el sentido en el galimatías aparente de las personas que recibían tratamiento en un hospital psiquiátrico. Jung (1973) dijo que una historia es más importante que un diagnóstico: «Los diagnósticos clínicos son importantes, ya que proporcionan al médico cierta orientación, pero no ayudan al paciente. Lo fundamental es la historia. Porque ella sola muestra el trasfondo humano y el sufrimiento humano, y solo en ese punto puede la terapia del médico empezar a funcionar» (p. 124).

El diagnóstico puede eliminar la individualidad y la complejidad de la experiencia de un cliente. Introduce al cliente en una casilla. Sirve más al terapeuta que al cliente. Puede ser degradante. Sitúa al terapeuta por encima del cliente. Un diagnóstico puede estar lleno de sombra, aunque pueda complacer al cliente tener un nombre para lo que le está pasando. Eso es, también, una ilusión. De ese modo sabemos cómo tratar el síndrome, y no tenemos que verlo como una invitación única a convertirse en un individuo. El diagnóstico te sitúa en un corral junto con otras personas que han renunciado también a su individualidad.

Tu historia es individual. Recuerda la advertencia de Hillman de que conservaras tus imágenes, tus historias, exactamente como se presentan. No las adaptes para que encajen en una casilla de síndromes y trastornos. Cada vez que cuentas una historia, esta es diferente, con matices y tonos distintos. Recuperas una historia del pasado y la cuentas en el presente con todo el ímpetu de quién eres en este momento.

**El mito, tan extravagante
que no puede ser literal.
Te obliga a profundizar más
de lo que creías posible.
De repente, vislumbras lo que está pasando
y qué hacer.**

4

El síntoma como vehículo de cambio

Una regla básica de la psicología arquetípica: «Ir con el síntoma». Observé a James Hillman usarla constantemente, y Patricia Berry ha escrito sobre ello, proporcionando una buena teoría para respaldar esa práctica. Exteriorizar un complejo conduce, a veces, al descubrimiento de un ser vibrante y centrado, cuando se comenta y se reflexiona sobre él en alguna forma de terapia profunda.

La idea de Berry (1982) es simple: un síntoma hace dos cosas a la vez, nos defiende frente a cualquier cambio que es necesario y muestra el camino hacia delante (pp. 81-95). Da una idea de lo que se necesita y quizá está intentando, de un modo extraño, hacerse notar. Una clienta afirma que los demás siempre la controlan y la manipulan. Nunca es lo bastante enérgica o independiente. De hecho, pasa a depender con facilidad de casi cualquiera con quien viva o trabaje. A menudo se siente derrotada y humillada, y acude a terapia con la esperanza de volverse más fuerte.

Esta es una situación dolorosa con la que muchos podrían identificarse. Si fueras amigo de esta persona y ella te pidiera ayuda, es probable que intentaras animarla y ayudarla a sentir-se bien y a recuperar su fortaleza. Pero estarías tomándote sus palabras en sentido literal, y podría muy bien estar manipulándote. Esa persona podría estar confundida sobre lo que está ocurriendo y ser incapaz de darse cuenta de las tendencias en su interior a controlar a las personas y a controlar las situaciones porque representan algo inconscientemente contrario a las cualidades con las que se identifica. A menudo una persona que es evidentemente débil y que se deja intimidar es, en realidad, bastante enérgica de formas que no son evidentes.

Quiere ser más fuerte, pero el síntoma, si lo miras con cierta empatía, apunta a ser más débil, quizá vulnerable. Yo seguiría nuestro principio y escucharía atentamente lo que el síntoma pide. ¿Adónde se dirige? El síntoma en sí no apunta a ser más fuerte. Así pues, no me dedicaría a alentarla a tener poder. Tenemos a alguien que necesita aprender mejor a dejar que los demás tengan cierto poder e influencia sobre ella sin sentirse demasiado dependiente.

Comprendo lo contraintuitiva que es esta posición. A la mayoría de gente le parecería evidente que lo que se necesita en este caso es independencia. Pero justo bajo la superficie podrías observar una tendencia a mandar. Ves claramente la dependencia, pero también puedes vislumbrar su sutil y probablemente inconsciente forma de hacerse cargo de las cosas. Siente muchísimo la pasividad, pero no se da cuenta de sus hábitos controladores. Un problema añadido es que el poder inconsciente que ejerce puede ser excesivo e ineficaz porque no lo hace abiertamente. Ser fuerte no forma parte aún de su personalidad, de modo que es un complejo autónomo, compensador, una conducta aislada que nace de ella sin ninguna conciencia ni propósito.

Un terapeuta tiene la ventaja de la experiencia con la clienta y puede reconocer el síntoma y cómo a ella se le escapa. Puede que ya sepas que se trata de alguien que no escucha bien, que siempre quiere salirse con la suya y que logra que la gente haga lo que ella quiere sin ser honesta al respecto. Como ves la contradicción, estás en buena posición para abordarla.

Esta pauta habitual puede estar tan oculta para un terapeuta que pase a sentir empatía por la mujer indefensa. Pero las cosas no son lo que parecen, y se necesita una mirada entrenada, a veces recelosa, para captar la naturaleza invertida de este síntoma. El principio general es: los complejos fuertes casi siempre se presentan en dos partes extremas, una clara y visible, y la otra, confusa y oculta.

En todas las interacciones humanas se presentan problemas de poder, y son habituales las ilusiones. El fuerte parece débil, y el débil parece fuerte. Mi sugerencia es: déjate guiar por el síntoma. A veces una persona será lo que llamamos un «adicto al control». Este es un síntoma diferente, y en este caso ayudamos al cliente a ser más poderoso. Si el síntoma es la dependencia, ayudamos a la persona a ser eficazmente vulnerable.

En mi experiencia, al abordar un síntoma de este modo, este se transforma a lo largo del tiempo hasta ser una versión mucho mejor de sí mismo, y el lenguaje para él cambia. El síntoma de ser demasiado dependiente se convierte en la virtud de ser debidamente vulnerable y abierto a la influencia. La ira se convierte en poder personal. Los celos se convierten en una aptitud para la intimidad y la interdependencia.

Un alma dividida

Ahí va otra norma: cuando un aspecto del carácter se divide en dos, como el poder personal dividido en pasividad y control, nuestro objetivo es un estado en que ambos elementos estén presentes y se influyan entre sí. La vulnerabilidad hace que el poder se mantenga dentro de unos límites y se exprese mejor. El poder hace que la vulnerabilidad sea más fuerte, con menos probabilidades de degenerar en pasividad.

De esta forma, la terapia ha sido sutil. El terapeuta no ha quedado atrapado en el fuerte punto de vista del cliente, sino que se ha mantenido al margen de él. El terapeuta ve la situación de modo diferente, y eso, en sí mismo, puede resultar útil. Cuando terapeuta y cliente no están en la misma narración, hay espacio para el cambio. Hillman (1983) definió una vez que la contratransferencia se produce cuando el terapeuta queda atrapado en el complejo del cliente, lo cual es el caso cuando el terapeuta se deja llevar por la narración del cliente (p. 16). Neutralidad significa alejarse del síntoma contagioso y persuasivo de un cliente.

A veces, hago cosas sin sentido para evitar que el drama de los opuestos de mi clienta me atrape. Paso a otro tema, por ejemplo. Puedo preguntar en ese momento por un sueño. Puedo acercarme a la estantería en busca de un poema relevante. Son gestos significativos, cuyo propósito es evitar no solo no ser presa de una dirección manipuladora o estéril, sino también ser ligeramente dramáticos para destacar lo que está sucediendo en ese momento. No puedo dejarme atraer por el complejo de mi clienta, y tengo que estar al mando un momento. Podría enseñarle a no quedar atrapada en una telaraña de emociones.

Aun así, quiero permanecer cerca del síntoma, la queja, y no dejarme atraer hacia su contrario. La clienta, por supuesto, piensa que el lugar contrario es glorioso, la solución, la felicidad. La mujer que cree que es demasiado débil querrá desesperadamente ser fuerte y poderosa. Pero, de hecho, ya es poderosa, solo que su poder no es eficaz y le pasa desapercibido. No sabe que es tan controladora y tan fuerte en sus relaciones. Pero si hablaras con sus amigos, seguramente oirías muchas historias sobre sus problemas de poder y su tendencia a controlar las cosas. Las personas que se identifican como pasivas suelen ser hiperactivas y resueltas.

Puedes explorar historias, especialmente de la infancia, cuando se sentía dominada e incapaz de salirse con la suya. Pero también puedes comentar su miedo a ceder y a ser influida. Recuerda que las historias de la infancia no tienen que escucharse como una historia literal, sino como narraciones activas en su vida actual. Retroceder es realmente profundizar.

La clienta cree que se ha vuelto demasiado dependiente y que necesita ser fuerte. Pero su creencia es sintomática, es una queja que le impide ser verdaderamente dependiente de un modo eficaz. Su síntoma la protege de moverse en una dirección que sería buena para ella. La vulnerabilidad es lo último que esta clienta quiere experimentar. Sin embargo, el síntoma muestra también que se trata de la dirección en la que tenemos que ir. Así que, en lugar de explorar múltiples formas de ser fuerte, nos planteamos formas en que podría abrirse a las ideas y al mando de otra persona.

Un terapeuta informal tiene que buscar también el drama de los opuestos. Puedes estar seguro de que tu amiga querrá que estés de su lado, aceptando que los demás la han mangoneado y no ha sentido su propio poder. Te dirá que necesita ser más fuerte y que quiere tu ayuda. Es en este punto en el que la terapia se vuelve interesante. Tu amiga, a la que adoras, quiere que vayas en una dirección que ves que no es buena para ella.

Podrías observar la pauta en juego y no dejarte llevar hacia su punto de vista. A veces hay indicios que te ayudan. Tu amiga puede ser manipuladora de modo demasiado obvio o mantener su postura con demasiada pasión. Puedes sentir que te está coaccionando para que reacciones de cierta forma, señal de que ha llegado el momento de avanzar más hacia el síntoma. En lugar de hacer lo que dice, necesitas tu claridad de visión y fortaleza personal. Es interesante cómo, en este ejemplo, la persona que ayuda tiene que enfrentarse a un patrón parecido: ¿Puede mantenerse firme cuando el complejo de su amiga quiere que sea sumisa?

Las emociones fuertes pueden ser contagiosas. Mantente neutral. Sé paciente hasta que tu amiga comprenda que no vas a suscribir sus deseos. Pero aunque no los suscribas, mantente a su disposición con lealtad. Puedes hacer ambas cosas a la vez. Al no hacer lo que quiere que hagas la estás ayudando. Te estás negando a reflejar su complejo, lo que podría ser un patrón de control y credulidad.

Conserva la frialdad cuando la terapia se caldee

C. G. Jung usaba imágenes de la alquimia para orientarse al explorar la psique, una de las cuales es la temperatura. El alquimista empleaba un horno para calentar los materiales, y el terapeuta cuida de la temperatura emocional mediante acciones como la confrontación (calor) y la evitación (frío). Aunque a veces subo intencionadamente el calor, por lo general procuro mantenerme frío.

Consciente de la temperatura emocional, trato también de tener presente un momento del relato clásico de Eros y Psique. Psique es una joven que supera diversas pruebas en su camino hacia la madurez, y entonces se encuentra en el río Estigia del inframundo. Ha recibido instrucciones de no atender las peticiones de ayuda de las personas que hay ahí. Y, efectivamente, de las aguas emergen manos y brazos de hombres y mujeres que suplican a Psique que les ayude a salir de su situación desesperada. Psique tiene que mantenerse inmutable. No puede mostrarles ninguna simpatía o su iniciación habrá fracasado. Permanecer fría es una prueba de su dedicación al proceso.

A menudo pienso en este episodio en el relato cuando se me parte el corazón al oír una historia triste sobre una separación o un fracaso. Procuro mantenerme *frío*, otra palabra para *neutral*.

El *Tao Te Ching* chino enseña una mezcla paradójica de suavidad y dureza. «Cede y supera», dice. Y añade: «Una persona ignorante está siempre haciendo algo, y, aun así, queda mucho por hacer».

Fíjate en las complejidades al tratar con clientes, que pueden confundirte con su vaguedad, que no suele ser intencionada, sino parte de su falta general de sofisticación psicológica. Yo, a no ser que esté tratando con una persona muy ansiosa, en este punto suelo recomendarle que siga la pista del síntoma. Normalmente, la gente capta rápidamente la idea y puede ponerla en práctica.

Los síntomas son valiosos porque señalan el camino. No quieres librarte de ellos de ningún modo. Miras a través de ellos hasta ver todo su valor y su sabiduría. Puede que tengas que aceptar el hecho de que los síntomas disminuyan y, sin embargo, permanezcan para un trabajo posterior con ellos. No pasa nada. No tienes que eliminarlos, sino, simplemente, observar cómo se debilitan cuando adoptas sus valores positivos ocultos. Quieres satisfacer los síntomas, no erradicarlos.

Todos tenemos complejos, parcelas de la vida en las que somos demasiado emotivos y estamos ciegos. Actuamos a partir de estos complejos, y ellos constituyen el grueso de nuestros síntomas. Si quieres ayudar a alguien con estos hábitos, tienes que ser lo bastante listo como para no dejarte atrapar. Tienes que llevar de algún modo la contraria y estar dispuesto a alejarte de determinadas expectativas neuróticas del cliente. Puede que esta respuesta no complazca al cliente, pero puedes dejarle claro lo que está pasando. Puedes ser explícito sobre tu determinación a cuidar del alma de la persona, asegurándole tu dedicación a pesar de sus decepciones.

**Un síntoma es algo extraño, un grano
en el trasero que te da la mejor idea de qué
hacer a continuación.
Pero para verlo tal como es necesitas bifocales
o lentes progresivas.
Tiene capas y partes, y le gusta esconderse
en las sombras.**

5

Cuidado con la transferencia

Cuando interactúas con la gente, pasan más cosas bajo la superficie de la conciencia de lo que te imaginas. Puedes descubrir esta región oculta de actividad si exploras las interacciones después de que se hayan producido. Al final, tal vez descubras que a menudo se representan acontecimientos antiguos, que a veces se remontan a la infancia. Existe una *transferencia* de un acontecimiento pasado al presente, y la psique puede *transferir* emociones y significados de una situación a otra, de una persona clave en el pasado a alguien del presente.

Por lo general no estableces estas relaciones de modo consciente. Se producen bajo el umbral de tu conciencia y afectan tanto a la interacción como a la relación. La psique está siempre activa, incluso cuando duermes, y tiene sus propios objetivos y propósitos, que no son fáciles de comprender, por lo menos hasta que se han realizado. Estas actividades subyacentes influyen en tu conducta y pueden confundirte e interferir en tu vida. Resulta útil verlas y reflexionar sobre ellas para saber más sobre los dramas que tienen lugar en el inframundo de tu experiencia cotidiana.

Según Jung, la transferencia no consiste en que la conducta literal de los progenitores y el niño juegue un papel más adelante en su vida, sino en los complejos arquetípicos e inconscientes de esas relaciones tempranas. Hillman fue más allá y dijo que la psique está siempre trasladando imágenes de un acontecimiento al siguiente. El patrón vivido en la infancia jamás desaparece, sino que sigue presentándose a lo largo de la vida. No solo se transfieren fantasías de la niñez, y no solo las primeras, sino que cualquier imagen destacada que estuviera presente en el pasado puede encontrar un papel en situaciones actuales. Puedes usar el nombre de tu ex cuando estás hablando con tu pareja actual, un desliz embarazoso que indica lo presente que puede ser una transferencia.

Advertimos a nuestros amigos de que no se casen «por despecho». El temor es que las imágenes que son tan recientes de la relación anterior necesitan tiempo para desvanecerse. De otro modo, pueden interferir en una nueva relación. La psique puede transferirlas vívidamente del pasado al presente. No solo cometemos *lapsus linguae*, sino que podemos realizar transferencias más graves de una relación anterior a la actual.

Desde tiempos antiguos se cree que la gente con la que intimamos pasa a formar parte de nosotros o tiene una habitación en el hotel de nuestra psique. Puede que a veces necesitemos vaciarlo todo para comenzar de cero. Personalmente, quiero poner cierta distancia entre yo y James Hillman en mis obras y en mi consulta. Su imaginación era tan fuerte que me influyó profundamente. En conjunto, le estoy agradecido por ello. A menudo siento en mí su espíritu de modo positivo, pero también puede ser demasiado. Se transfiere a mi identidad y mi trabajo, hasta tal punto que, a veces, no consigo recordar dónde termina él y dónde empiezo yo.

Marsilio Ficino (1975) dijo que, al final, tus amigos viven en tu interior, lo mismo que tus maestros. En una carta a su amigo Juliano de Médici escribió: «Hace mucho que mi gran amor por ti ha grabado tu imagen en mi alma. Y del mismo modo que a veces me veo fuera de mí mismo en un espejo, con la misma frecuencia te veo a ti dentro de mí en mi corazón» (p. 108).

De modo que, cuando encuentras a alguien en el presente, alguna de estas figuras interiores podría cobrar vida e insertarse. De hecho, puedes notar su presencia: tal vez muevas el cuerpo como alguien a quien conociste o tener sus inflexiones de voz. Especialmente tu reacción emocional puede recordarte a alguien o a una relación que tuviste.

La figura del pasado está presente, pero esa figura no es la persona real. Estás tratando con una figura imaginal que, como alguien al que conoces en un sueño, no es del todo la persona de la vida. Las figuras imaginales tienen sus propias cualidades además de algunas prestadas de la persona real. La persona transferida no es solamente un recuerdo, sino también un arquetipo, tal vez incluso una presencia mítica.

Por ejemplo, puedes reunirte con el director de un banco y tener la impresión de que te recuerda a un viejo amigo que resultó ser una figura paterna para ti, y difícil, además. Tal vez experimentes dificultades parecidas con el director. Tu problema, entonces, es el padre arquetípico recreado mediante la imagen de un viejo amigo.

Aunque la transferencia no precisa una figura parental, la madre y el padre ocupan un lugar especial entre las imágenes que surgen en la transferencia. El poder de los progenitores es tan grande que jamás superas su influencia. Sin embargo, no deberías pensar automáticamente que cada transferencia involucra a un progenitor. La psique puede transferir con la misma facilidad la figura de un maestro, de un amante o de una autoridad que puede complicar tus relaciones.

En la terapia, descubro a veces que no son los progenitores quienes desempeñan el papel principal en la vida y en las transferencias de una persona, sino un abuelo o un tío. Ciertas personas nos dejan una huella profunda, y permanecen en la psique y a veces desempeñan un papel más adelante en nuestra vida.

Lee atentamente el siguiente pasaje del libro de Jung sobre la transferencia. En él, Jung (1966) la describió como «motivada por la proyección de arcaicas fantasías infantiles que fueron conferidas inicialmente a miembros de la familia del paciente» (p. 217). Fíjate que no es que se trasladen miembros de la familia a una persona actual, sino más bien que fantasías arcaicas que tiempo atrás se centraron en la familia se despiertan ahora en las circunstancias presentes. La trasferencia tiene su origen en la tendencia de la psique a producir imágenes y narraciones en todo momento. Es especialmente activa en la intimidad de un encuentro terapéutico.

Fantasmas contagiosos

He mencionado antes que las emociones pueden ser contagiosas. Si eres la persona que ayuda y existe una transferencia del pasado hacia ti, corres el riesgo de quedar atrapado en ella e interpretar inconscientemente tu papel en esa narración:

contratransferencia. Puedes encontrarte sumido en un drama muy emocional y no ser consciente de lo que está ocurriendo. No te das cuenta de que tu cliente ha encontrado un médico o un tío en ti.

Recuerdo una clienta que me contó que le recordaba un exnovio que, como yo, estaba interesado en el arte, la música y la espiritualidad. Eso fue todo lo que bastó para que se formara una transferencia. Si yo hubiera sentido inconscientemente su interés por mí a través de su exnovio, podría haber desarrollado una contratransferencia, una capa añadida de interés debido al eros que fluía entre nosotros. Eso podría haber sido una complicación útil, pero también podría haber causado problemas. En este caso, no perdí la cabeza y usé con cautela el escalofrío del novio para mantener la terapia cálida y profunda.

Una terapeuta necesita ocupar siempre un asiento en la última fila, desde donde puede observar el drama que se desarrolla. Debería tener la habilidad de mirar varios niveles que se interpretan a la vez. Al mismo tiempo, tiene que interpretar su papel en la acción. Tiene que participar con un mayor nivel de conciencia.

Es especialmente peligroso quedarse atrapado en una transferencia/contratransferencia porque puedes intensificar la narración que está provocando tanto dolor a la persona y, por supuesto, en ese estado apenas puedes encontrar tu camino hacia la claridad y la libertad. Resulta ilusorio que un terapeuta crea que es imposible para él quedarse atrapado en una actividad inconsciente o que puede salirse de ella fácilmente.

Es en este caso en el que la advertencia de Jung es especialmente oportuna: tú, el terapeuta, tienes que lidiar con tus figuras interiores tanto como tu cliente. No se lo exijas todo al cliente y te eximas a ti mismo del proceso terapéutico. Tienes que enfrentarte a tu contratransferencia, tu participación en el teatro oculto del cliente, y resolverla. La contratransferencia significa que no eres ajeno a las fantasías emocionales que circulan en la terapia. Tú también eres partícipe de ellas.

Los primeros psicoanalistas opinaban que la transferencia es un medio hacia la sanación. Tú, la persona consciente, puedes mostrar a una persona cómo manejar mejor la situación. La transferencia se convierte en una oportunidad educativa. Pero esta forma de pensar puede subestimar el poder emocional de la transferencia, así como la confusión que puede causar. Jung dijo una vez que la transferencia podría resultar útil, pero que está tan llena de falsas ilusiones y es tan potencialmente dolorosa que sería mejor evitarla.

¿Qué pasa si tu clienta o amiga se enamora de ti al «transferirte» sus sentimientos por su padre o su difunto marido, por ejemplo? Menudo lío sería. ¿Y si un hombre te transfiere a ti, una mujer, sentimientos que albergaba hacia una exnovia? No es fácil conducir una situación tan cargada. Puedes malinterpretar fácilmente lo que está ocurriendo, y tu cliente o amigo podría malinterpretar tus intenciones. Puede que ambos interpretéis mal las señales y terminéis en un embrollo emocional.

Yo tengo la sensación de tener una transferencia con cada cliente. Cada uno de ellos suscita reacciones en mí que están relacionadas con otra persona. Umberto Eco afirmaba que todas las historias han sido ya contadas antes. Yo diría que a cada persona que conozco ya la he conocido antes. En cada encuentro pasan muchas más cosas de lo que parece ser factual y evidente. La psique está siempre en juego entre bastidores.

Si eres fuerte y seguro de ti mismo, puede que te guste el desafío de una transferencia. Pero, aun así, es probable que debas prestar atención a tu seguridad y bravuconería. Podrían ser una señal de tu inconsciencia. A veces no tienes elección. Te introduces en el drama interior de tu cliente y tienes que ser muy perspicaz y emocionalmente fuerte. Puede que resolver este embrollo resulte educativo tanto para ti como para tu cliente, y podría resultarte útil con el material de la terapia. Las transferencias mutuas son como una nueva remesa de materia prima.

No todas las situaciones emocionales son cuestión de transferencia. Puedes sentir emociones fuertes que simplemente surgen por las circunstancias. Pero, a menudo, puede que incluso la mayoría de veces, puedes rastrear los sentimientos intensos hasta un encuentro anterior. Quizá pienses que el pasado queda en el pasado, pero está siempre presente y dispuesto a complicar lo que sea que esté sucediendo ahora. Podrías dar por sentado que las experiencias pasadas están siempre entre bastidores, y que detentan la capacidad de mostrarse enseguida a la menor provocación.

Deberías saber que la psique está activa continua y frenéticamente, produciendo imágenes llenas de emoción minuto a minuto. Por lo general, se trata de imágenes sutiles, complejas y con sentido. Evidentemente, si desentrañas un modelo pasado, tienes material para el trabajo del alma. Puedes hablar sobre el acontecimiento del pasado en relación con lo que está ocurriendo en el presente. Podría ser un material rico para la alquimia de la terapia. Pero tienes que estar alerta para no simplificar en tu mente lo que, en realidad, es un conjunto complicado de capas narrativas.

Puedes relacionarte de forma distinta como tu propia persona, más consciente, es de esperar, que la persona del pasado, y encaminarte hacia un resultado mucho mejor. Puede que eso aporte algo de claridad a tu cliente. Pero, como he dicho, se trata de aguas peligrosas y puede resultarte difícil mantener tú propia claridad. Por otro lado, tienes poca elección porque la transferencia conlleva una imaginación activa y está siempre trabajando. Podría ser mejor ser abierto y sincero sobre todo el proceso.

Irvin Yalom (2003) proporciona un ejemplo relevante al invitar amablemente a trabajar con transferencias. Dijo a su paciente: «Quizá puedo ayudarle a saber qué va mal con las relaciones en su vida si analizo lo que ocurre en nuestra relación... Si puedo hacer observaciones sobre usted que arrojen luz sobre lo que pasa entre usted y los demás, me gustaría indicárselas. ¿Le parece bien?» (p. 115).

Yalom puso de manifiesto la parte de la transferencia que conecta otras relaciones con la relación con el terapeuta. Pero podríamos tener presente la idea de Jung de que no es tan sencillo como eso. Es la psique, la imaginación de la vida cotidiana, lo que hace que recuerdes inconscientemente, por así decirlo, un profundo encuentro arquetípico del pasado que ha vuelto a cobrar vida en el presente. Tus progenitores no tienen del todo la culpa de las imágenes de la madre o del padre que cobran vida ahora. No son quienes las originan, sino más bien un ejemplo inicial de la aparición del mito parental.

La aportación junguiana marca la diferencia en la terapia. Saca la transferencia del ámbito meramente personal y la sitúa en la región de los mitos. Puedes hablar sobre acontecimientos que ocurrieron en casa entre progenitores y hermanos, pero siempre recuerdas que esas historias tienen un trasfondo arquetípico más profundo que retrata mejor lo que está sucediendo en el presente.

Permíteme ponerte un ejemplo de mi consulta. Una vez, un hombre amable y simpático acudió a mí para que lo ayudara a divorciarse y a casarse con la mujer que amaba. Desde el primer momento, me sentí a gusto con él y disfrutaba de su compañía. Esta reacción tendría que haberme indicado algún tipo de transferencia; existe transferencia todo el rato, y puede ser tan sutil que no la ves. A este respecto, solo diré que él y yo estábamos en un drama que yo sentía con más intensidad que de costumbre.

Me arrellanaba en el sillón e intentaba ayudarlo. Nuestras conversaciones eran intensas, y el trabajo onírico que hacíamos resultaba útil. Semana tras semana, parecía irse armando poco a poco de valor para romper con su esposa. Tenía hijos pequeños y se sentía tan protector con ellos que no podía imaginarse lastimándolos con su decisión de marcharse.

En adelante lo llamaré Howard. Al recordar ahora aquel episodio, imagino que mi contratransferencia era producto de mi complicidad con su historia. Mi carácter tenía muchas cualidades, buenas y malas, en común con él.

La terapia fue bastante bien, y al final Howard dio el paso y todo terminó bien. Incluso trabajó algunos aspectos fundamentales de su carácter; de modo que al final de nuestro experiencia era un hombre más fuerte y más asertivo. Pero, al echar la vista atrás, ahora veo que mi propio material se mezcló con el suyo: transferencia.

Cuando cuento ahora esta historia, me pregunto cómo logré ayudar a Howard. Pero parece que mi capacidad de identificarme con él me ayudó a sentir una gran empatía por su situación y, tal vez, a comprenderla mejor. En conjunto, no creo que mi contratransferencia interfiriera gravemente. Pero, como diría Jung, tuve suerte.

Arquetipos que se transfieren

A veces los aspectos arquetípicos de una transferencia son claros. Supón que una mujer joven viniera a verme para hacer terapia y yo la imaginara enseguida como a una hija. Una vez más, basta con un primer vistazo que capte este grado de presencia física, carácter y emoción para establecer una transferencia que puede durar años. A partir de ese momento puedo relacionarme con esta mujer como con una hija, de modo que mis sentimientos paternales sean dominantes e interfieran probablemente a veces. Otro aspecto de la transferencia: una vez establecida, puede no desaparecer nunca del todo.

En este caso, puede que yo esté transfiriendo o no la realidad de mi propia hija. Podría ser solo la imagen de la Hija cobrando de repente vida. Si es una transferencia, arquetípica en este caso, en que esta hija es la Hija, no solo mi propia hija, es muy probable que exagere mi respuesta a ella en cierto modo. La transferencia podría crear un embrollo, como me ha ocurrido con el arquetipo de hija en el pasado, o podría permitir una fuerte conexión psicológica que facilite la terapia. A menudo suceden ambas cosas: puedes tener una transferencia poderosa sin una confusión desastrosa.

A mi entender, la mejor forma de prepararte para las transferencias inevitables, esas imágenes poderosas y, sin embargo, insospechadas de la psique, es estar siempre alerta a lo que está pasando en tu vida de fantasía. Espera que emerjan figuras. No permitas que pasen desapercibidas. Habla sobre ellas. Aprende sus tendencias y patrones. Es una forma de autoconocimiento orientada al alma. No un conocimiento intelectual, sino un conocimiento imaginal.

Resulta útil mantenerte al día de tus sueños para conocer las tendencias actuales que reflejan y cuáles son las imágenes potentes del momento. Si se desarrolla una transferencia, puedes observarla en tus sueños, no de modo explícito, por supuesto, sino disfrazada. Puedes soñar con una vieja llama, un tema onírico muy habitual.

La irrupción de sentimientos fuertes, poco realistas, relacionados con alguien a quien estás orientando te mantiene íntimamente relacionado a medida que la terapia avanza. Te pondré otro ejemplo de mi experiencia. Conocí a Terry en un congreso. Admito que mi primera respuesta fue una reacción a su belleza física. Me fijé, aunque solo fuera un momento, en lo imponente que era, tanto su cara como su figura. Pero fue una mirada pasajera.

Después, una vez terminado el congreso, me telefoneó y me preguntó si podría hacer terapia conmigo. Iniciamos uno de los trabajos terapéuticos más intensos que he hecho, y se prolongó durante años. Al final, superó algunas emociones muy difíciles basadas en experiencias de la infancia y llegó a un punto en que se había liberado de parte del material más doloroso. Por otro lado, en ese momento estaba en disposición de comenzar una nueva fase. Concluimos nuestro trabajo, pues, pero tuve la impresión de que los siguientes retos de su vida serían la segunda parte de un intenso período de cuidado de su alma.

Lo que quiero decir es que una leve transferencia del arquetipo de Venus lo puso todo de relieve para mí en ese primer encuentro. Rápidamente se desvaneció, pero sentí que esa bendición inicial de Venus, una ligera atracción, me ayudó a mantenerme implicado cuando las cosas se pusieron difíciles y, además, como un tenue tono o murmullo de fondo, sostuvo el largo y exigente trabajo. Se trató también de una transferencia arquetípica, de una diosa mítica y no de un progenitor, pero fue única en el sentido de que no tuvo repercusión personal, hasta dónde yo sé, y no planteó ningún problema, como podría haber hecho. La diferencia puede haber estado en que reconocí la transferencia como tal, no fue irresistible en absoluto, y desde el principio vi que podría contribuir a mantenernos centrados.

Cuesta imaginar alguna interacción humana que no implique una transferencia de algún tipo y en alguna medida. Ayuda conocer las dinámicas de la transferencia en general, y ser consciente de la naturaleza exacta de la transferencia en juego en cada relación terapéutica. La emoción puede ser una de muchas: amor, odio, envidia, lástima, atención pura, de hermano, de hija. Va bien ser consciente de cómo la transferencia te ayuda y cómo podría estorbar.

Iré un paso más allá. Sugiero que, especialmente como alguien interesado en la terapia a algún nivel, des por sentado que toda interacción humana conlleva una transferencia de imágenes y emociones de amor, poder, miedo o algún otro sentimiento humano básico. La imaginación está en juego en todas partes y a todas horas. Las personas del pasado y de otras partes planean en el ambiente, y siempre intervienen en tu vida. Estás siempre inmerso en narraciones, y algún mito está siempre retumbando en las profundidades de tus encuentros. Escúchalos y conoce algo sobre las historias y los personajes que viven a través de ti y entre tú y los demás.

En general, una actitud terapéutica precisa un elevado grado de conciencia de uno mismo y la capacidad de admitir vulnerabilidades embarazosas; de ahí mis historias personales en este capítulo. Es bastante embarazoso no tener el control, tener reacciones muy emocionales cuando te estás esforzando por ser profesional o generoso.

De modo que no te limites a hacer terapia. Sé terapeuta. A todas horas. Detecta siempre las narraciones más profundas. Escucha aguzando el oído. Te estás formando para «ver a través», en palabras de Hillman, y captar expresiones del alma, por medio de imágenes, en todas las interacciones. Si eres terapeuta en lo más profundo de tu ser, no tendrás que potenciar tus aptitudes al enfrentarte con un cliente o un amigo necesitado que supongan un desafío.

Si eres un terapeuta no profesional, un amigo que ayuda a un amigo, puede que jamás hayas oído hablar de la transferencia o que la idea te resulte desconcertante. No tienes que usar el término, pero tienes que estar preparado para que tu amigo o tú experimentéis inesperadas emociones fuertes, que afecten a la relación. Si quieres ser un buen amigo servicial, podrías dedicar tiempo a estudiar las transferencias y a lidiar con ellas.

**Una transferencia parece un mecanismo
que puedes esquematizar y operar
como una máquina.**

Pero en realidad es como amar tanto algo que
no dejas de encontrártelo año tras año
con diversos disfraces.
Recordar ayuda, si puedes detectar el parecido.

6

La serenidad

La palabra *sereno* se refería originalmente a un cielo despeja-do y procede del griego *xeros*, «seco». Cuando estás sereno, no dejas que lleguen nubarrones y perturben tu paz. Uno de los mejores ejemplos de serenidad que conozco es una histo-ria clásica zen: una familia conmocionada lleva a su hija ante un monje y le cuenta que acaba de dar a luz y que él, el mon-je, es el padre. Este responde: «¿Es eso cierto?» Toma al bebé y cuida de él. Años más tarde, la familia regresa y le dice: «Usted no es el padre». Y el monje contesta: «¿Es eso cierto?» Devuelve el niño a la familia.

Por mis muchos años de vida monástica católica, sé que los monjes buscan la serenidad y la alcanzan hasta un punto considerable en su vida comunitaria. Los terapeutas podrían hacer lo mismo, ya que su trabajo requiere, por lo menos a veces, un día sin nubes para poder estar con sus clientes sin reaccionar inconscientemente. ¿Podrías alcanzar el nivel de serenidad de ese monje zen? Quizá este ejemplo extremo te inspire, lo mismo que a mí.

La serenidad no es la supresión del conflicto o la emo-ción, sino la consecución de la calma a través de una visión lo bastante amplia de la vida para que los problemas no la hagan desaparecer, especialmente en esos momentos en que la necesitas. Conoce la diferencia entre la inclinación a reaccionar inconscientemente y la capacidad de conservar una visión más amplia que está dispuesta a pasar a la acción en un instante.

Otra palabra para la serenidad profesional sería *neutralidad*. Tienes que prepararte a ti mismo para no reaccionar ante provocaciones inesperadas. Has aprendido a estar calmado, aunque sin dejar de estar implicado. Permaneces sereno y neutral. Usando nuestra imaginería climática, el filósofo griego Heráclito dijo: «Como un rayo de sol, el alma más iluminada y desarrollada está seca». Es probable que esto signifique que no está impregnada de las muy diversas emociones y la exteriorización de la vida cotidiana. Por cierto, Heráclito usa nuestra misma palabra *xeros* para «seco».

Resulta difícil no quedarse atrapado en las emociones que surgen en casi todos los intentos de ayudar a las personas a conducir su vida. El mejor modo que conozco de no quedarse atrapado es ser neutral desde el primer instante. Recuerda lo rápido que se forman las transferencias. Te encuentras al Diablo o a la Sombra en un hábil vendedor. Encuentras al Amante en una mujer impecablemente vestida. Encuentras a la Madre en una persona afectuosa, incluso en una mujer joven que te indica cómo llegar a un sitio. En cuanto experimentes una ligera oleada de encantamiento, sé neutral. Recuerda quién eres, un terapeuta y no una persona corriente. No te está permitido ser inconsciente. Y podrías estar así, sereno, todo el día y todos los días porque eres terapeuta, no simplemente alguien que practica la terapia. O eres un amigo que, en este momento concreto, es un terapeuta accidental que trata con terapia informal a otro ser humano.

El Diablo, la Sombra y el Amante son personalidades profundas que influyen en la persona de la que estás cuidando. Es posible que estas figuras te influyan, hechicen o desconecten tanto que no puedas ver la persona real. Estás inmerso en el mito, y la gente con la que te relacionas es mítica, o al menos personajes de un relato de ficción o de un drama. Por supuesto, si llevas esta idea al límite, no hay nadie con quien te relaciones en ningún momento que no sea una figura o un mito. Estás siempre usando la imaginación, sin contactar jamás con nadie ni con ningún lugar libre de las narraciones que subyacen a tus percepciones. Pero, a pesar de toda esa interferencia, quieres hacer tu trabajo y vivir una vida responsable.

Toda esta complejidad y todas las capas significativas no tienen que ser un problema. Explican la riqueza de la vida. El problema es que solemos estar bajo la ilusión de que el mundo con que nos encontramos es un mundo factual que solo tiene una capa a la que llamamos realidad. Si sigues el punto de vista arquetípico, básicamente platónico, no hay ninguna realidad, absolutamente ninguna, que no esté influida cada día por la viva imaginación. El terapeuta no puede darse el lujo de vivir y trabajar bajo la ilusión de que las cosas son lo que parecen ser. No tiene más remedio que lidiar con el reino imaginal, con su interminable flujo de historias, imágenes y personalidades.

Mundus imaginalis

Se suele denominar a este mundo de imaginación por su nombre en latín, *mundus imaginalis*. *Mundus* significa «mundo» como en «mundano». *Imaginalis* es obvio, pero tenemos que distinguir entre «imaginal» e «imaginario». El reino imaginal no es imaginario, irreal, sino más bien ese nivel de percepción en que las imágenes son prominentes y poseen su propia realidad. Las tomamos en serio, no como símbolos de algo en el mundo factual, sino como presencias reales.

Unos cuantos ejemplos curiosos facilitarán esta explicación. Los niños creen en Santa Claus como en un ser físico como cualquier otra persona, aunque dotado de poderes especiales. Muchos adultos perciben el espíritu de la Navidad, pero ya no «creen en» Santa Claus. A muchas personas les gusta visitar el 221B de Baker Street de Londres para ver cómo vivía Sherlock Holmes. Quieren ver su pipa, su gorra y sus «habitaciones». Saben que es una figura ficticia, pero, aun así, lo imaginan como un personaje histórico. Santa y Sherlock son figuras imaginales.

Las figuras del alma no son siempre tan «reales». Pueden ayudarnos con el trabajo de nuestra vida cotidiana, como Musas, Artistas e Inspiradores. Nos gusta racionalizarlas como cualidades: talentos y aptitudes. Pero acuden a nosotros como personas imaginales. El Orador que hay en mí tiene una biografía y cambia a lo largo del tiempo. Madura. No es solamente un papel que yo interpreto, sino una persona de cierto tipo que hace cosas que yo no puedo hacer solo.

El Orador no forma parte de mí ni es un aspecto de mí mismo. Describirlo así es demasiado racional. El Orador es otra persona que vive en el reino imaginal. Puedo llamarlo para que haga un trabajo por mí, pero estrictamente hablando él no es yo. Esta clase de separación entre las figuras de la psique y yo contribuye a mantenerlo todo claro y me ayuda a no interferir. Ostento más poder en mi vida cuando dejo que estas figuras hagan su trabajo. Como dijo Hillman, tendríamos que hablar de «ellos» y no de «nosotros».

Una forma de no quedarte atrapado en el remolino de fantasía de tu cliente es reconocer la presencia y autonomía de las figuras imaginales. En mi anterior ejemplo de Venus apoderándose de mí con una clienta, captar la presencia de Venus me permitió conducir la situación. Ella *parecía* presente, y yo sentía cómo hacía su trabajo. Saber que estaba presente me permitió interpretar que el aspecto de mi clienta tenía una dimensión mítica. Venus se había presentado. Pero recuerda, nunca es una presencia factual, es solo una presencia imaginal. Al mismo tiempo, sé que las figuras imaginales poseen más poder que las meramente factuales.

Los griegos sabían que una figura imaginal puede morar en un ser humano. En el largo himno homérico a Afrodita, la diosa se siente atraída por un joven pastor y se disfraza de muchacha humana. El joven ve a la muchacha y tiene alguna ligera sospecha de que podría estar ante la presencia de una diosa. «No quería que la reconociera y tuviera miedo.» El joven tiene sus sospechas, pero se relaciona igualmente con ella.

Yo procuro relacionarme directamente con las figuras de la imaginación, sin considerarlas jamás meros símbolos de algo en el mundo «real». Algunos psicólogos junguianos recomiendan conversar directamente con las figuras o dibujarlas y pintarlas como hizo Jung en *El libro rojo* (el gran volumen ilustrado con imágenes y escritos misteriosos). Yo prefiero simplemente relacionarme con ellas en ambientes cotidianos, como figuras que están junto a la gente. Las contemplo, observo su influencia en los acontecimientos que se producen a mi alrededor y las tengo seriamente en cuenta. No quiero antropomorfizarlas.

Neutralidad

Te recomiendo que te mantengas neutral. «Neutralidad y paciencia», ese es mi mantra. No pierdas tu equilibrio por alguna atracción o repulsión poderosas. No seas demasiado accesible ni demasiado distante. No te muestres reticente ni entusiasta. Utiliza un lenguaje y unos gestos neutrales. No te defiendas contra la tentación, simplemente no seas accesible a ella.

Un cliente potencial me dice: «He leído sus libros. Me han salvado la vida. Para mí es un sueño tener la oportunidad de contar con su orientación personal». Oigo esta clase de opinión de vez en cuando. Supongo que tendría que sentirme entusiasmado y honrado. En cambio, conservo la calma, declino la oportunidad de sentirme halagado. No necesito alabanzas ahora, en esta situación, por mi trabajo y mis logros. Ya las recibo en otra parte. Aquí ambos necesitamos neutralidad y calma. Así que, con toda la sinceridad que puedo, me limito a decir: «Muy bien, veamos si esto funciona para nosotros. El tiempo lo dirá».

Con frecuencia tengo terapeutas como clientes, normalmente para una combinación de terapia y supervisión. A veces percibo el respeto que sienten en presencia de un autor admirado, de modo que digo: «Seamos colegas».

En casi cada sesión de terapia hay momentos en que lo que elijo hacer es no hablar. Cuando oigo alabanzas, no respondo. Por supuesto, está bien aceptar un cumplido con elegancia, pero también está bien ser neutral. Cuando recibo una crítica, procuro mantenerme neutral. Si alguien expresa una inmensa gratitud, digo: «Se lo agradezco». Al repasar mentalmente las posibles respuestas, tal vez ninguna de ellas carezca de peligros. De modo que no hablo, o utilizo una frase convencional por su neutralidad.

Cuando digo «El tiempo lo dirá», me refiero a los dioses, el destino y la voluntad universal. Aquí no soy yo el centro de atención. Sé que lo que vaya a lograrse será obra de los dioses y los ángeles, en quienes confío y creo en su totalidad. El poeta británico William Blake aseguró que él no era el autor, sino simplemente el secretario. Los autores están en la eternidad. De modo parecido, como terapeuta, yo solo soy la mano de obra que hace el trabajo de los dioses. Toda esa charla de que he salvado la vida de alguien es amable y bienintencionada, pero jamás debería caer en la tentación de creerla. Cuando la gente me dice, como te dirán a ti sin duda, que la terapia la ha salvado, me lo tomo como una oportunidad de practicar la neutralidad.

Si no quieres quedarte atrapado en las fantasías y las palabras halagadoras de tu cliente o tu amigo, tienes que saber de antemano que eres el sirviente y el secretario, no quien sana y salva. Eres el sacerdote y el pastor, pero no el motivo del éxito. Tu trabajo consiste en contribuir a la sanación, pero no en hacer el trabajo directamente. A veces pienso en mi trabajo como en el de un sacristán. Mantengo el templo limpio y bien provisto.

Si puedes cultivar esta clase de neutralidad amable frente a los dioses, tienes una mayor oportunidad de no quedarte atrapado. Existe una tendencia natural a sumirte en un torrente de emoción hacia ti mismo. Puedes sentirte más importante y mejor porque el clima que rodea la transferencia te ha pasado rozando. Una vez más, Jung recomendaba encarecidamente no dejarse contaminar por las figuras del *mundus imaginalis* (él usaba el término «inconsciente»).

En sus memorias, Jung (1973) escribió: «En la medida en que lograba traducir las emociones en imágenes; es decir, encontrar las imágenes que se ocultaban en las emociones, estaba interiormente calmado y tranquilo. Si hubiera dejado esas imágenes ocultas en las emociones, podrían haberme destrozado... Aprendí lo útil que puede ser, desde el punto de vista terapéutico, encontrar las imágenes concretas que hay tras las emociones» (p. 177).

Vemos aquí que Jung estaba convencidísimo de que necesitaba las imágenes concretas que podían contener determinadas emociones; de otro modo, acabaría destrozado. Querremos tener presente este principio como uno de los elementos fundamentales de la psicoterapia: cómo las imágenes están relacionadas con las emociones, y lo peligrosas que pueden ser las emociones sin las imágenes. La primera tarea del terapeuta consiste en suscitar imágenes para obtener emociones fuertes, incluso la emoción de la depresión. Puedes hacerlo mediante los sueños, la narración de historias, la pintura, el baile o el movimiento corporal. Una vez hice terapia con un músico atribulado, sentado junto a él al piano, improvisando acordes y melodías: imágenes musicales.

El comentario de Jung sobre las imágenes y las emociones sugiere también que no merece la pena favorecer la expresión emocional por sí misma. Que un cliente llore no significa que esté ocurriendo algo importante. O un grito atroz de ira puede liberar una emoción, pero ¿de qué sirve eso, salvo para asegurarse de que está presente una emoción? La *abreacción* tiene su sitio, pero no es el objetivo de la terapia. Cuando se presenta una emoción fuerte, puedes buscar la imagen de la emoción. Si tienes una imagen, la emoción tendrá un sentido para ti y podrás lidiar con ella.

El terapeuta en la selva

En ocasiones, Jung utilizaba la palabra *contaminar* para describir el hecho de estar influido por la poderosa materia prima de la psique. Esta materia puede ser contagiosa, de modo que estar en su presencia puede influir en tu psique. Recuerdo una persona con quien trabajaba hace años que estaba completamente paranoica. Yo le tenía algo de miedo. Una noche soñé que venía a mi casa con un arma y me amenazaba. Me tomé en serio el sueño e hice todo lo posible para protegerme de sus pensamientos paranoicos. Pero ella me había contaminado hasta el punto de aparecer en mis sueños.

Una buena terapeuta no está totalmente segura de sí misma al lidiar con el material de una psique perturbada. Se protege y es precavida al manejar material volátil. Un amigo que presta ayuda seguramente buscará el consejo de un experto si ve indicios de psicosis. Él también debería respetar el poder de la psique y su capacidad de un amor y una agresividad abrumadores. Una psique perturbada puede permanecer oculta tras una fachada suave y agradable. De modo que la regla es la siguiente: respeta siempre el poder de la psique para bien y para mal.

El drama de los opuestos interviene aquí también. La misma persona que te muestra respeto y admiración es la que puede invertir esos sentimientos en muy poco tiempo. Se trata de una forma de lo que Jung denominaba «enantiodromia», los opuestos compensándose entre sí. Los terapeutas avezados saben que este drama de los opuestos puede producirse en cualquier momento, y, aun así, podría impresionarlos cuando se produce. Te has confiado con un cliente que parece muy favorable y estable. El repentino cambio a una actitud muy diferente puede ser difícil de manejar. De modo que tienes que estar preparado, sabiendo desde el principio que cualquier expresión fuerte de cooperación cordial tiene su sombra, y parte de la terapia consiste en lidiar con la sombra cuando aparece.

Si la terapeuta cultiva una vida de serenidad y neutralidad, tiene una oportunidad frente a las bestias salvajes que andan sueltas por una psique que todavía no ha encontrado sus pastos vallados. En la Europa medieval, se contaban historias del unicornio, un hermoso animal que podía provocar un daño generalizado y, sin embargo, era el símbolo mismo de la salud. La imagen del unicornio en su máximo esplendor lo mostraba en unos reducidos pastos rodeado de una valla de madera. La psique necesita cierta contención, una valla o un recipiente, para reprimir su fiereza.

Un terapeuta tiene el peligroso pensamiento
de que no quiere quedarse atrapado.
Tiene que pensar este pensamiento
para no quedarse atrapado.
Pero quedarse atrapado puede ser su única
oportunidad de hacerlo bien.

SEGUNDA PARTE
EL RECIPIENTE

La patología del ego es inherentemente empática con la individuación de la psique.

Patricia Berry (1982, p. 95)

La conversación terapéutica no es una charla corriente. Al seleccionar un buen lugar, garantizar la confidencialidad y concentrarse en la psique, creas un recipiente, un ambiente cerrado y hermético en el que entablar esta clase especial de reflexión.

7

Construye el recipiente

La formalidad de la terapia contribuye a crear lo que Jung denominaba, usando la imaginería de su largo estudio sobre la alquimia, el recipiente. Necesitas un recipiente hermético para contener los fuertes sentimientos que aparecen en la narración de las historias en el entorno de la terapia. Una cafetería es cálida y acogedora, pero no hermética. En ella la conversación suele ser divagadora y carecer de un propósito definido. Además, hay muchas distracciones. Una consulta es formal y a menudo eficaz a la hora de crear un recipiente hermético para expresar secretos y material sensible.

Además del recipiente físico, necesitas un recipiente formado por las actitudes, el estilo de la conversación y los acuerdos. Podrías asegurar a tu cliente o amigo que lo que diga es confidencial. Podrías mostrarle de varias formas que eres de confianza y sabes guardar secretos. También puedes asegurarte de no dejar de decir cosas importantes, como tus garantías de confidencialidad. Pero lo principal es elegir un lugar donde podáis hablar en privado.

En la práctica de la alquimia, el maestro utiliza recipientes de diversas formas y tamaños que contienen el material que hay que tratar y observar. Las reacciones químicas provocan colores y formaciones que, a ojos del alquimista, reflejan los colores y contornos de las emociones y los estados de ánimo humanos. La alquimia ofrece un sistema de metáforas para explorar la experiencia humana, y el recipiente es fundamental. Como muchos otros terapeutas, yo lo uso como metáfora de cómo proporcionamos un espacio cuidadosamente creado para las exploraciones terapéuticas.

Al crear un buen recipiente para la terapia tanto formal como informal, intervienen otras consideraciones. Tienes que ir con cuidado de no dejar que nada de lo que oyes en privado se te escape en otras conversaciones. Si no estás acostumbrado a una estricta confidencialidad, puede que tengas que comentarlo a fondo con tu cliente o amigo para sentir suficientemente esta carga. El terapeuta tiene la tarea de conservar el recipiente intacto.

Confidencialidad

La confidencialidad, uno de los medios fundamentales para crear un buen recipiente, no es tanto una técnica como un punto fuerte del carácter del terapeuta. Hay personas que guardan bien los secretos de forma innata, mientras que otras, aunque bienintencionadas, tienen tendencia a hablar sobre asuntos privados de los que se han enterado. Conservar la confianza de una persona requiere hacer un esfuerzo especial y prepararte personalmente para guardar secretos.

Si te cuesta mantener en secreto las actividades y las afirmaciones de los demás, podrías procurar desarrollar más tu vida interior. No contar lo primero que te viene a la cabeza es como cerrar cuidadosamente una puerta para evitar que entre el ruido. Si eres extrovertido, no tienes que pasar a ser introvertido, pero puedes aprender a valorar los placeres de la privacidad. La destreza necesaria es sutil, por lo que podrías comenzar con tu propio material. Prueba cómo es ser más reservado sobre ti mismo y aplica después ese aprendizaje al material de otra persona.

Es probable que rompas el recipiente cuando tu conciencia de la terapia sea demasiado laxa o no sea valorada. Tal vez no hayas aprendido lo suficientemente bien la importancia de la confidencialidad, o quizá te la tomes demasiado a la ligera. O puede que te preocupes tanto por ella que no consigues convertirla en una parte esencial de tu identidad como terapeuta. Te esfuerzas demasiado en ello, por lo que tienes que estar pendiente de ello en lugar de hacerlo de modo natural y fluido.

La consulta como recipiente

Una forma de mantener hermético el recipiente de la terapia es usar mi consulta exclusivamente para conversaciones y escritos formales. En mi trabajo en ella no hay demasiada diferencia entre hacer una hora de terapia y escribir un libro sobre el alma y el espíritu. Cuando mis clientes entran en nuestra consulta, saben que se trata de un lugar especial y que es una sala de terapia incluso cuando no se hace en ella ninguna terapia. Cuanto más pienses en la elección de un lugar especial, mejor. Un buen recipiente se crea con imaginación y con intención.

Lo sé, muchos terapeutas profesionales son conscientes del modo como decoran su consulta: los colores, los muebles, los cuadros y las esculturas, y las lámparas Pueden usar una vela o incienso para intensificar lo sagrado del espacio. Yo dispongo de varios objetos especiales en mi consulta para respaldar la terapia: un ejemplar del Sutra del Corazón y de la Tabla de Esmeralda (un antiguo texto de alquimia), estatuillas de santo Tomás Moro (mi santo favorito) y Asclepio, el dios griego de la sanación. Una figurita de la Virgen María, una foto de mis abuelos y de mis padres, un navaja ritual de jade de una etnia nativa americana, imágenes de Buda y de Guan Yin, una piedra de obsidiana, las obras completas de C. G. Jung y de James Hillman, textos sagrados del mundo entero. Me siento respaldado por todas estas presencias que me ayudan a recordar lo sagrado que es el trabajo. Ellas, además, se aúnan para fortalecer el recipiente para la terapia.

La imagen del terapeuta

Otros métodos pueden contribuir a crear el recipiente. Cómo te refieres a ti mismo, cómo te vistes, tu modo de hablar sobre tu práctica o trabajo, tu lenguaje en general, tu actitud y tus modales, tu presencia en internet, el estilo de tu correspondencia; todas estas cosas crean lo que hoy podría denominarse una «marca», pero también contribuyen a la naturaleza y el hermetismo del recipiente de tu trabajo terapéutico.

Algo en lo que me fijé sobre James Hillman es que no establecía una separación marcada entre él como terapeuta y él como persona. No escondía su vida ni se esforzaba por mantener las distancias como profesional. Si estaba enojado, te lo hacía saber. Si estaba triste, lo comentaba. De modo que su recipiente, aunque hermético en la medida en que trataba la terapia con total seriedad, no era igual que su profesionalidad. Sabías que estaba totalmente entregado al trabajo, pero no lo presentaba con una ampulosa formalidad. Se preocupaba por el alma, y, en su presencia, podías notar su dedicación.

Aunque mi estilo es diferente al de Hillman, yo también he intentado evitar ocultarme tras una imagen profesional, mientras que, al mismo tiempo, trato el proceso de la terapia con seriedad y atención. Actualmente hago la mayor parte del trabajo en línea. Creo el recipiente escuchando atentamente, tomando notas, cultivando un ambiente cálido y cordial, y de vez en cuando hablando sobre mí mismo. No quiero ser alguien distante y oculto, pero tampoco quiero convertir la hora de terapia en una charla de café. Como las conversaciones terapéuticas son tan tensas, como cada palabra tiene su peso, cualquier ligera desviación de la forma puede provocar una fuga en el recipiente.

Mantener el recipiente

En la terapia, me acuerdo de mis clases de tenis. No basta con golpear la pelota. Evidentemente, tiene que haber cierto grado de naturalidad, pero también necesitas estar en buena forma. Echa atrás el brazo y aléjalo de la pelota cuando se acerca. Balancea el cuerpo, no solo el brazo. Pasa lo mismo con la terapia. No digas lo primero que te venga a la cabeza. Sé consciente de cómo se siente tu amigo y de lo que necesita de ti. Piensa antes de hablar y mide tus palabras. Necesitas una combinación de naturalidad y de autoconciencia, de presencia personal y de técnica profesional.

En cierto modo, la terapia es una conversación artificial. No lo digo en un sentido negativo. Quiero decir que hablas como si estuvieras en un drama, donde cada palabra cuenta. Tienes que saber que, como terapeuta, ostentas un poder considerable. Las palabras que utilizas no son las habituales. Pueden ser las mismas palabras del diccionario, pero en este contexto, poseen un estatus elevado. Tienes que tener cuidado con ellas, porque pueden tener más fuerza de la que pretendes y o bien ayudar o bien lastimar.

Una vez, en una conversación con una clienta, quise ser sincero y hacerle saber lo que experimentaba en su presencia. «Tiene usted opiniones muy categóricas», comenté. La siguiente vez que nos vimos, se echó a llorar de inmediato. «¿Qué sucede?», le pregunté inocentemente. «Me dijo que tengo opiniones muy categóricas. Eso es lo que me decía siempre mi marido antes de divorciarnos. No quiero ser una persona tan categórica. Pero es que soy así.»

Evidentemente, yo no era consciente del significado de mis palabras cuando utilicé esa frase. No sabía que tenían una historia, y menos que fuera una historia tan emocional. No hay forma de saber en cada caso qué palabras y frases están cargadas de significado, pero ayudaría ser precavido a la hora de elegir las palabras. El menor juicio o la menor crítica podría resultar abrumadora para la persona a la que estás ayudando. Tienes que saber, por ejemplo, que hasta las mínimas expresiones de cariño o de desaprobación pueden tener un impacto totalmente desproporcionado con respecto a tu intención.

Para ser más preciso, cuando hablas, a menudo lo está haciendo la figura arquetípica. Incluso cuando eres el terapeuta informal, una figura más grande usa tu voz, y el impacto que causas es mayor. La conversación puede parecer de lo más corriente, pero una vez la formulas para ayudar, te sitúas en el ámbito de la terapia, informal, por supuesto. La mayoría de las reglas y las observaciones sobre la terapia profesional son aplicables, aunque posiblemente con menos fuerza.

Con el ejemplo de Irvin Yalom en mente, respondí a mi clienta: «No sabía que estas palabras significaban tanto para usted. ¿Podemos hablar al respecto?» Puedes seguir adelante, por supuesto, y comentar la frase ofensiva y explorar las situaciones en las que era potente en el pasado. Es un buen material, pero tienes que ser consciente de cómo podría intranquilizar a una persona una frase de su pasado.

Las palabras nunca son meros términos de un diccionario. Son más bien bombas de relojería, preparadas para explotar en el momento oportuno. Este poder puede ser un recurso positivo o puede arruinarlo todo. Lo principal es respetar las palabras y emplearlas con mucha habilidad. Tienes que saber que las palabras no siempre hacen lo que tú quieres que hagan. Hasta cierto punto, tienen vida propia.

Si eres descuidado con el lenguaje y utilizas palabras cargadas de poder sin pensar, te arriesgas a romper parte del recipiente que has estado construyendo. Las palabras son como tablones o bloques de hormigón que forman una pared y una estructura. Yo tengo cuidado incluso con las palabras que uso al saludar y al despedirme. Puedes arruinar una hora de trabajo diciendo algo como «Espero que nos vaya mejor la próxima vez». Esa es una opinión muy fuerte para que un cliente o un amigo le dé vueltas en la cabeza una semana o más hasta el próximo encuentro.

Como terapeuta también tienes que prestar atención a lo que dices sobre ti mismo. Si cuando un cliente se va, le dices

«Hoy no estaba en buena forma. Supongo que estoy cansado», te estás concentrando en tu sensación de ineptitud y confundiendo a tu cliente. Si estás preocupado por tu rendimiento, ese es un buen momento para ser neutral guardando silencio. Ocúpate de ello después, a poder ser con un supervisor. Un buen terapeuta precisa una destreza que elude a muchas personas: saber cuándo hay que cerrar la boca. Al hacerlo puedes contribuir a mantener limpio el recipiente.

Por cierto, esto significa que el terapeuta amigo tendría que saber que, una vez ha aceptado prestar un oído empático, se sitúa en una nueva posición. Ya no eres solamente un amigo, sino un confidente. Más aún, estás en una posición especial de confianza que eleva tu estatus. Tus palabras son ahora más potentes de lo normal, de modo que tienes que tener un cuidado especial con ellas.

Recuerda tus clases de tenis o de golf. No solo balanceas los brazos, y tampoco dices lo primero que te viene a la cabeza. Las conversaciones del alma son formas de arte que requieren cuidado y criterio. La sesión de terapia comienza con el primer saludo y no termina hasta que tu cliente o amigo se ha marchado. El rato que hay en medio está, por así decirlo, en un recipiente de cristal. Presta atención a lo que dices.

Finales

Los finales son especialmente importantes: el final de una sesión o el final de una relación terapéutica. El final es como cuando un alfarero da los últimos toques a un cuenco mojado. Cómo terminas marca toda la diferencia.

Mi primera regla general es que la terapia en sí nunca termina del todo. No tiene fin. El cliente puede encontrar otro terapeuta u otro modo de hacer terapia a lo largo de la vida. De modo que no le doy demasiada importancia al final. No me preocupa la conclusión. De hecho, preferiría terminar con un hasta la vista que con un adiós. Hasta la próxima vez. Quiero invitar al cliente a seguir pensando en hacer algún tipo de terapia. Estoy convencido, y por ello lo transmito con mis palabras, de que la terapia continuará sin duda. Quiero sembrar esa idea en el momento del final: esto es solo una pausa.

Presupongo que cuando una alfarera termina un trabajo, no le da demasiada importancia al final. Está pensando en el siguiente cacharro, y el siguiente no será totalmente nuevo, sino que en su mayor parte será una continuación del último trabajo. Terminar es deslizarse hacia el siguiente proyecto. Mirar hacia el futuro. Es un semáforo en ámbar, no en rojo.

Algunos períodos largos de terapia pueden pedir una pequeña ceremonia, pero, aun así, me gusta pensar en los finales como en cadencias musicales. Una pieza de música está llena de muchos finales suaves que no son definitivos. A veces reciben el nombre de cadencias «engañosas». Crees que se ha terminado del todo, pero no. Es por esa razón por la que alguna música termina con un estallido, para que sepas que realmente ha terminado del todo.

La terapia es así: crees que ha terminado del todo, pero siempre existe la posibilidad de otro comienzo. Me gusta que las conclusiones de mi terapia sean todas cadencias que dan claramente la impresión de finales y, sin embargo, no son finales definitivos. Alegrémonos de que la vida continúa. La terapia es eterna y adopta muchas formas. Recuerda el recipiente de cristal, y sé delicado con tus despedidas.

Las botellas de cristal transparente en el laboratorio de un alquimista se presentan en muchas formas y tamaños, una perfecta metáfora de las clases de receptividad que un terapeuta lleva en su maletín.

8

Escuchar

En su origen, la palabra *escuchar* no significaba simplemente oír con los oídos sino más bien «oír» cosas sobre alguien. «¿Sabes quién es y qué ha hecho?» En ese sentido, un terapeuta o un buen amigo escucha a otra persona para averiguar quién es, qué tiene de especial esa persona. En este modo de escuchar, no solo asimilas las palabras de alguien, sino que también descubres quién es.

Los psicólogos están formados para pensar en tipos y categorías. Casi todos disponen de un ejemplar del *Manual diagnóstico y estadístico de los trastornos mentales*, en el que se relacionan, definen y enumeran distintas clases de alteraciones. Los terapeutas más profesionales identifican a sus clientes con un número concreto, y pueden recibir clases, si lo desean, sobre cómo diferenciar detalladamente un trastorno, un número, de otro.

Cuando en una terapia hablo con alguien, escucho de un modo que realza emociones ocultas y descodifica el lenguaje que dice más de lo que quiere decir. Oigo a varios niveles a la vez, y presto más atención a los matices y a las connotaciones que al mensaje directo.

Leer a James Hillman y los dramas clásicos griegos me ha formado además para oír las voces de los espíritus y los dioses guías. En la *Ilíada* y la *Odisea*, estos espíritus o *daimons* están junto a los héroes, a los que aconsejan y dirigen en su destino. Yo quiero oír también esas voces cuando escucho a un cliente narrar una historia de su vida o un reciente episodio perturbador. Quiero oír las voces del crítico interior y de los influyentes progenitores, las voces de la conciencia y la inspiración. Quiero oír la narración mítica que se murmura de fondo en los relatos tristes más inmediatos.

Cuando era estudiante de música en mi anterior carrera profesional, recibí cursos de entrenamiento auditivo y orquestación en los que aprendí a oír ciertos tonos e instrumentos, y a «oír» una orquesta leyendo la partitura. Me asombró descubrir que oía entonces mucho más de lo que oía antes del entrenamiento. Era como si me hubieran lavado y destapado los oídos. Algo parecido me sucedió cuando adquirí más aptitudes para escuchar terapéuticamente. De repente, oía más cuando escuchaba hablar a una persona, y esa claridad al oír a alguien pasó a ser la base para convertirme en un buen terapeuta.

Escucharte a ti mismo

Cuando empecé a practicar la terapia, aprendí una curiosa lección: no solo tenía que aprender a escuchar a un cliente como individuo y a muchos niveles, también tenía que escucharme a mí mismo. Tenía que escuchar mi historia completa sobre ser terapeuta y la cháchara que tiene lugar en mi cabeza antes y durante una sesión de terapia.

Podría estar hablando conmigo mismo sobre lo mal que me está yendo el día, sobre lo delicado que es el aspecto financiero de mi trabajo y sobre las muchas otras cosas que tengo que hacer y que quizá la terapia me está entorpeciendo. Puedo estar comentando conmigo mismo cómo me siento sobre el cliente siguiente. Estas conversaciones interiores podrían tener un impacto en lo presente que estoy para mi cliente, de modo que sería útil oír lo que me estoy diciendo a mí mismo.

Cuando tenía treinta años y a los cuarenta, especialmente, sentía la necesidad de enseñar y orientar. Consideraba que tenía talento y vocación para ser profesor y terapeuta, y anhelaba de verdad hacer ambas cosas. Sentía una liberación que me satisfacía y me llenaba siempre que tenía la oportunidad de impartir un seminario o de hablar con un grupo o con un individuo sobre cuestiones de su vida. Pensaba que tenía un muelle tenso en mi interior que necesitaba ser ejercitado y relajado una y otra vez.

Ahora soy mayor y me siento diferente. Ya no tengo la necesidad de enseñar y de hacer terapia, aunque sigo disfrutando al hacer ambas cosas y me siento realizado cuando hago alguna de las dos. Al no necesitar estos papeles, siento una mayor libertad para involucrarme con otras personas y permitirles que tomen lo que puedan de mí. No soy tan prepotente como antes. No soy tan heroico ni estoy tampoco tan desesperado. Siento la energía para trabajar, pero también me siento relajado.

Me va bien escucharme a mí mismo y averiguar dónde estoy en mi carrera profesional. Sé que ya no soy tan entusiasta, pero también sé que sigo sintiendo pasión por el trabajo. Así que puedo encontrarme con mi siguiente cliente sabiendo que estaré presente y que todavía puedo escucharlo atentamente. Al haberme escuchado a mí mismo, no me preocupa no implicarme, a pesar de que ahora la cualidad de mi pasión es diferente si la comparo con la de mi juventud. Tal vez este cambio sea solo parte del envejecimiento, o quizá sea resultado de la experiencia. Me resulta útil conocerme a mí mismo antes de comenzar a escuchar de modo profesional.

Imagino que está dinámica es aplicable asimismo a los amigos y a los familiares que se escuchan entre sí con ánimo de ayudarse. Puedes empezar sintiendo un verdadero entusiasmo por estar disponible para alguien por quien te preocupas. Pero después, al poco tiempo de empezar la conversación, te das cuenta de que no es tan fácil como esperabas. Pronto la situación te viene grande y no sabes dónde ir ni qué hacer. Tienes que seguir escuchándote a ti mismo para que, cuando la conversación termine, puedas prepararte mejor para la siguiente vez. Lee o habla con un profesional.

También tienes que escucharte a ti mismo, tanto si eres profesional como si no lo eres, para ver si tus reacciones sutiles están interfiriendo en el diálogo. Eso significa que no son solo dos personas hablando. Son dos personas con historias complicadas y antecedentes emocionales compuestos por muchas capas que intentan ser claras sobre cuestiones que son básicamente densas y confusas. En el transcurso de una sola conversación podrían desencadenarse varias veces tus recuerdos emocionales. Sabes intuitivamente que debes hacer caso omiso de esos desencadenamientos, que no debes reaccionar. Pero no es fácil contenerte cuando una bala tras otra, a guisa de estímulo, te da donde te duele. Como dijo Jung, los clientes parecen saber intuitivamente cómo molestar a sus terapeutas y causarles algo de daño. Hay que ser una persona fuerte y consciente para no responder automática e ineficazmente.

Tienes que escucharte a ti mismo y, una vez más, recordar tus lecciones básicas de tenis: no aporrees la pelota. Echa el brazo hacia atrás y deja que tu cuerpo imprima toda su fuerza con su balanceo. No aporrees a tu cliente o amigo con tus emociones. Escucha lo que está sucediendo en ti y usa tus aptitudes y técnicas básicas en una conversación que no es ni normal ni inconsciente.

Para ser un buen terapeuta tienes que conocerte a ti mismo. Ni perfecta ni acomplejadamente, sino profundamente. Una vez tuve un amigo terapeuta que era despreocupado y un espíritu salvaje, por lo menos a simple vista. Cuando hablaba sobre sus clientes, yo tenía la impresión de que era incapaz de apreciar a los más reservados y callados. Me contaba cómo lo asombraban algunas de sus inhibiciones, y yo me decía a mí mismo: «No podría ser cliente suyo porque yo tengo esas mismas inhibiciones». Deseaba que mi amigo supiera esto sobre sí mismo para poder ser más tolerante al escuchar a los demás.

Todo el mundo tiene una forma de hablar: una retórica

A veces los clientes no adoptan la fórmula de charla terapéutica que tú prefieres o consideras adecuada. A lo largo de los años, varios de mis clientes han divagado sobre acontecimientos y observaciones sin abrirse de forma demasiado evidente ni prestar atención a la vida interior. A veces, he intentado dirigir la conversación hacia un estilo más analítico, pero ha sido en vano. Poco a poco he aprendido a adaptarme a mis clientes en este sentido y a no esperar que ellos se ajusten a mi idea de lo que es una forma de hablar terapéuticamente adecuada.

Si me altera la forma de usar el lenguaje de un cliente, recuerdo siempre un pasaje del libro de López-Pedraza sobre Hermes. En *Hermes and His Children* (1977), describe a un cliente que fuma un cigarrillo y divaga. Pedraza se refiere tanto a la forma de hablar de su cliente como a su retórica, su forma propia de usar el lenguaje. En el caso que presenta, ve en juego al dios Príapo, un dios predominantemente sexual, extraño, sin cualidades positivas, extravagante y escandaloso. Pedraza sugiere que, en este caso, el terapeuta debe estar en contacto con su propia extravagancia, y mantenerse así en sintonía con la forma de hablar del paciente, haciéndose eco de ella si es posible. La idea es introducirse en el complejo que se ha adueñado del paciente a través del estilo de su lenguaje, de su retórica.

Mi problema con los clientes que hablan sin parar sobre cosas que no parecen importantes no es Príapo, sino alguna otra figura de la banalidad, algún dios de la vida cotidiana. Hay personas que parlotean incesantemente. Cuando mencionan un nombre, tienen que contártelo todo sobre esa persona, apartándose cada vez más de la historia original. Yo no intento hacer que un cliente cambie esta forma de hablar, porque forma parte del mito, pero tampoco me quedo atrapado en ella. No me desvío de mi dirección preferida, sino que me mantengo vigilante ante sus divagaciones y escucho atentamente en busca de cualquier indicación discreta de lo que la persona está realmente tratando de decir. He aprendido que la retórica divagadora es válida. Es la mejor forma que tiene mi cliente de expresar sus experiencias.

Aquí y allá interpongo un comentario perspicaz sobre lo que estoy oyendo, lo que irrumpe como un trueno. De vez en cuando un cliente, sin aliento debido a la narración sin sentido, dice: «Me gustaría que me dijera algo esclarecedor». El cliente sabe que está divagando, pero no puede evitarlo, porque su forma de hablar llena de divagaciones forma parte de su síntoma. Me reprende por ello, pero esa es tan solo su forma de expresar su impaciencia consigo mismo. Tengo cuidado de no ponerme a la defensiva y simplemente sigo intentando oír un mensaje sutil en el torrente incesante de palabras.

Si hablas desde tu aburrimiento, es porque eres demasiado literal como oyente. Un terapeuta jamás actúa o habla sin tino. Nunca puedes ser completamente natural, o lo que es lo mismo, inconsciente. Eres un artista de la psique. Tú no marcas el tono, dejas que eso lo haga tu cliente, porque en ese tono puede estar una forma más profunda de acceder al problema y, por lo tanto, de salir de él.

Tienes que escuchar con los ojos además de con los oídos. Fíjate en los gestos, las posturas, las expresiones faciales y los movimientos corporales. En la terapia, jamás hay un momento en que la situación sea simple o unidimensional. Ocurren muchas cosas a la vez. Tienes que tener todos tus sentidos a pleno rendimiento. Escuchar y observar se desarrollan ininterrumpidamente. También tienes que ser consciente de tus múltiples niveles de implicación. ¿Se están activando algunos de tus recuerdos? ¿Estorban tus expectativas?

A menudo, divagar y hablar ininterrumpidamente tiene evidentemente su origen en la ansiedad, por lo que puede ir bien que hagas lo que puedas para tranquilizar a la persona.

Yo puedo recurrir a Carl Rogers, cuyo método resulta mágico en tales momentos. Resumo lo que he oído y visto lo más exactamente que puedo. La persona se siente escuchada y mirada, y se tranquiliza. Puede admitir que habla demasiado cuando es presa de la ansiedad, y eso es un comienzo para la conversación terapéutica.

Los altibajos de la terapia

Cuando me planteé ejercer de terapeuta, me pregunté si sería capaz de ello. Había conocido a varios terapeutas que parecían estar totalmente al mando de su vida. Parecían seguros de sí mismos, audaces y omniscientes. Sabía que yo era inseguro, carente por completo de confianza en mí mismo, y tímido. Un momento decisivo para mí fue un taller dirigido por Piero Ferrucci y Laura Huxley al que asistí. Laura era la esposa del autor Aldous Huxley, y era una violinista consumada y una persona humanitaria que trabajaba mucho en favor de los niños. Ella era una artista sensible y yo era músico, y enseguida vio que yo no encajaba con los terapeutas duros y demasiado seguros de sí mismos. El simple hecho de que reconociera quién era yo, de que escuchara atentamente lo que yo tenía que decir y lo que podría ser, me dio la seguridad para convertirme en terapeuta por derecho propio.

Más adelante, por supuesto, vi que bajo la bravuconería de los terapeutas héroes se escondía su falta de confianza en sí mismos. Ya no eran un obstáculo para mí. Nunca me desprendí de todas mis inseguridades, profundamente arraigadas, pero, de todos modos, conseguí labrarme una vida llena de confianza en mí mismo y de liderazgo. Siento empatía por quienes están llamados a ser terapeutas a pesar de sentir que ellos mismos necesitan muchísimo la terapia.

Hoy en día suelo encontrarme con gente que es lo opuesto a los vaqueros salvajes que me preocupaban. Son personas claramente atribuladas, inseguras y tímidas. Les pregunto a qué se dedican y, sorprendentemente, me dicen que son terapeutas. No sé qué pensar. Una idea, nada caritativa, es que ellas son las personas que realmente necesitan terapia y abordan esa necesidad convirtiéndose en terapeutas. Es un intercambio que puedo comprender. Puede que también hubiera algo de eso en mí tiempo atrás. Lo entiendo y los trato como colegas, y supongo que ellos también ganarán en seguridad y fortaleza.

Dondequiera que estés en este espectro, puedes escuchar con empatía a alguien que se libera de su carga y ofrecerle un modelo y liderazgo. No tienes que ser perfecto, pero necesitas algo de confianza y, por lo menos, la ilusión de fortaleza personal. Aunque estés en contacto con tus fragilidades, tienes que escuchar como alguien situado en un lugar mejor. Tu amiga no quiere oír tus problemas o fracasos del pasado. Necesita que la imagen que tiene de ti sea la de una persona fuerte y al mando, no la de alguien desconcertado y afligido. Este engaño sutil y útil podría ser Hermes, una pequeña duplicidad por el bien de la terapia. Puede que no te sientas del todo equilibrado y fuerte, pero puedes encontrar esas cualidades en ti mismo para tu cliente.

Hay en ello una sincera paradoja: solo puedes ser fuerte si estás en contacto con tu debilidad, y a veces puedes ser sincero sobre tu estado de ánimo mostrando la complejidad de tus emociones. Los terapeutas vaqueros eran fuertes en apariencia, pero no estaban en contacto con su debilidad. Tú puedes mostrar tu debilidad sin sacrificar tu fortaleza. Un grado de falta de confianza en ti mismo hace que tu posición de fortaleza sea sincera.

El paciente imperfecto

A veces escucho con cierto grado de paranoia o de recelo. ¿Está la clienta omitiendo adrede detalles importantes? ¿Me ha pedido ayuda, pero ha decidido después no proporcionarme ninguna información fiable? ¿Adopta una pose de seductora? De ser así, ¿debería escuchar para encontrar un significado a la seducción? ¿Debería preguntárselo, ignorarlo, comentarlo o intentar comprenderlo a un nivel profundo?

Puedes ser paranoico y confiado al mismo tiempo, si te permites algo de distancia de los pensamientos y los sentimientos que surgen en ti. Recuerda que no eres una persona corriente en esta relación. Eres el terapeuta o un amigo en una buena posición para ayudar. No dañará la relación preguntarte sobre su sinceridad o su integridad. Como terapeuta, puedes esperar que un cliente sea deshonesto. Es algo que puede darse. Forma parte del complejo con el que le estás ayudando. Si tu cliente es perfecto, ¿de qué hay que hablar?

La terapia no precisa una sinceridad absoluta. Sería mejor oír la historia con todos sus escudos protectores e información errónea que un relato limpio para un uso terapéutico. Como terapeuta no puedes ser ingenuo. Tienes que esperar sombra, esperar ser manipulado. No pasa nada. Arriesgarse a contar una historia llegando a los hechos reales poco a poco, de uno en uno, es un esfuerzo humano básico. No es algo que pueda hacerse a la perfección. Solo un terapeuta moralizador esperaría una verdad absoluta. Ser un terapeuta con alma no exige pureza, sino simplemente un esfuerzo valeroso por estar presente.

Desearía, desearía poder tener razón.
Desearía poder hacerlo todo bien.
Desearía poder escuchar a la perfección.
Pero mis deseos amarillean como hojas que caen
al final del verano, y son como nubes que
aparecen al final de un día despejado.

9

Quedarse estancado

Hace años, una clienta acudió a mí, tomó asiento y no dijo palabra. La saludé y le sugerí que me contara su historia, pero permaneció inmóvil y en silencio. Desde el comienzo de la terapia, estuvimos en una especie de limbo. A veces la terapia conduce a un lugar donde no se produce ningún avance y parece que no tiene sentido continuarla. Puedes tomártelo como una señal para parar, o también como una parte fundamental del proceso.

A menudo, en el transcurso de la terapia, un cliente dice: «Tengo la impresión de que no estamos yendo a ninguna parte. Me siento paralizado. Esto no está funcionando». El terapeuta puede alarmarse. No está haciendo su trabajo. ¿Qué pasa? ¿Ha perdido su destreza? ¿Es culpa suya que nada parezca «funcionar»? En contadísimas ocasiones, puede que esto sea exactamente lo que sucede. Pero más a menudo se trata, simplemente, de las dinámicas del flujo terapéutico, que incluyen momentos de espera vacía.

Naturalmente, lo mismo puede pasar cuando un amigo está orientando a otro. El terapeuta no profesional no está formado para tratar con un acontecimiento tan inesperado y puede tener la tentación de rendirse. Pero, incluso en conversaciones informales entabladas con ánimo de ayudar, quien ayuda debería tener paciencia y la fortaleza para continuar. Quedarse estancado o querer rendirse es algo habitual incluso en conversaciones profundas en las que las personas están realmente comprometidas con el proceso.

Simplemente esperar

Esperar es, en la terapia, una habilidad que no se explora demasiado en los programas de formación, cuando no haces nada y eso te parece bien. Personalmente, yo me siento cómodo esperando, tal vez porque hace mucho que siento devoción por la obra de Samuel Beckett, autor de *Esperando a Godot*. Beckett elevó la espera a la categoría de arquetipo. Mucha gente se pregunta quién es Godot. Para mí, la cuestión es simple: Godot es quienquiera y lo que sea que estamos esperando cuando esperamos.

La obra de Beckett trata sobre la espera como tal. La espera es una actividad que tiene poco del héroe en ella y mucho del antihéroe, y por lo tanto es próxima al alma. Imagina un héroe de acción en una película contemporánea diciendo a su némesis: «Voy a esperar hasta que te des por vencido». ¿Cómo se desarrollaría la película? ¿Quién querría ver noventa minutos de espera?

En la terapia, el problema puede ser que pienses mecánicamente sobre un asunto relacionado con el alma. Piensas en ti mismo como en una máquina que puede estropearse y que hay que arreglar. Si tuvieras que esperar una semana para que te arreglaran el coche, podrías sentirte frustrado. *¿Por qué tardará tanto?* Pero la psique no es una máquina. Meterse en problemas es su *modus operandi*. Todo el mundo tiene problemas emocionales al menos alguna vez en la vida, la mayoría de las personas todos los días. Si adoptas el enfoque mecánico para tu alma, puedes esperar ansiosamente que las cosas vuelvan a la normalidad. Pero ¿y si, en el panorama general, no existe la normalidad? Entonces no hay nada que esperar.

Otra forma de no tener nada que esperar es estar siempre esperando. Esperar es, como vio Beckett con una inusual perspicacia, arquetípico. Los seres humanos conocen la sensación de esperar, incluso cuando no saben qué están esperando. A un terapeuta le iría bien resolver este asunto, porque tener la impresión de estar estancado y de no llegar a ninguna parte es habitual en la terapia, y puede desanimar tanto al paciente como al terapeuta.

Una vez más, la razón asiste al perspicaz Beckett. Cuando sabes que esperar es la condición humana, no hay nada que hacer. En mi trabajo he empleado este mantra de tres palabras como directriz: nada que hacer. Y, sin embargo, podemos trabajar los problemas sin estar totalmente resueltos a llegar a alguna parte. Podemos relajarnos en el entorno intemporal de la psique. Una vez más, el *Tao Te Ching* nos ofrece una buena orientación en este punto: «La persona sabia no hace nada y enseña lecciones sin palabras. Las diez mil cosas vienen y van sin que ella haga nada». Yo puedo estar activamente implicado en la terapia sin la intención de lograr nada e incluso creyendo que no se está haciendo nada.

No hace falta cambiar

En la terapia, puedes llegar a un punto en el que comprendas que lo que creías que era un problema de la vida limitado en

124 | LA TERAPIA DEL ALMA

el tiempo es algo profundamente alojado en el alma de la persona. Esta puede ser la razón de que te sientas estancado. No existe ningún futuro real si lo que creías que podía cambiar ahora parece ser tu esencia. No desaparecerá. Sales despedido de la cinta transportadora lineal del tiempo. De repente, puedes darte cuenta de que no hay «nada que hacer porque estás bien y, a la vez, no lo estás tal como estás». Básicamente, no vas a cambiar.

Tal vez tu cliente no necesite cambiar tanto como crees. O quizá sería mejor no pensar que la terapia tiene algo que ver con cambiar. Estás destilando las esencias, extrayendo un aceite esencial de una multitud de experiencias e influencias. La terapia, como Jung pensaba, es una especie de alquimia. La tarea principal del alquimista era esperar y observar, preparar una poción y no resolver un problema.

Si la alquimia tiene un objetivo, es el *lapis philosophorum*, la piedra de los filósofos. No se trata de una piedra real, sino de una cualidad dura, firme y duradera del carácter. (*Lapis* significa «piedra» en latín.) Pero ¿por qué una piedra? ¿Todo ese trabajo sobre el pasado, las emociones confusas y las relaciones destrozadas de uno convertido en una piedra? ¿Por qué esta metáfora? Quizá porque buscamos algo natural, duradero, duro, resistente y de peso. Además, aparentemente una piedra no se mueve, y cuando cambia, si lo hace, nadie percibe el movimiento. He llegado a pensar que es así como son las personas: cuando atraviesan cambios, a menudo no puedes verlos. Son piedras.

Podríamos definir el héroe como esa figura en nosotros que se siente impulsada, a toda costa, a hacer algo. El sabio taoísta es bastante distinto. Él es el terapeuta que logra mucho no haciendo nada. Esto significa no actuar con intenciones y expectativas heroicas. La terapia puede «solamente» aportarte una nueva visión de ti mismo y de tu situación. No vas a cambiar, pero puedes hacer algo, o no hacer nada. Si hace poco has visto con más claridad quién eres, tal vez ahora puedas ser esa persona; es cuestión de ser, no de hacer.

Descubre tu esencia

La terapia puede alejarte del deseo de cambiar, incluso si el cambio era tu objetivo al acudir a terapia. Tu propósito se vuelve más sutil. Puedes darte cuenta de que tu problema, la esencia misma de tus aspectos neuróticos, obstaculizaba tu esencia porque no sabías como traducirla a la vida. Quizá la infravaloraras y la malinterpretaras. Puede que una sombra, que no sabías cómo resolver, planeara sobre ella.

Una vez traté a una mujer que tenía muchas ganas de cambiar porque no le gustaba la persona que era. «No he hecho nada con mi vida —dijo—. Quiero lograr algo antes de morir.» ¿Debería ayudarla a repasar las posibilidades de lo que podría hacer para satisfacer su anhelo? ¿Deberíamos embarcarnos en una estrategia práctica de cambio? No me lo pareció. Me pareció claro que su verdadero problema era su exigencia consigo misma. No podía dejar que su ser profundo emergiera porque tenía una imagen fija de cómo era una persona con éxito. Tuve la sensación de que teníamos que ser menos activos, no más activos, y permitir que su alma se revelara. No puedes esforzarte mucho en convertirte en alguien si no eres alguien para empezar.

El descubrimiento de tu esencia o, como mínimo, el hecho de mirarla de soslayo, puede dar la sensación de estancamiento.

No puedes avanzar porque no puedes ver un objetivo, ni siquiera una dirección. Sigues probando una explicación tras otra de tu vida. Todas ellas pueden parecerte convincentes, pero no te llevan a ninguna parte. Sigues estando en el mismo sitio, y no tienes la sensación de avanzar. Puede que entonces lo entiendas mejor: quizá no sea cuestión de avanzar. Quizá, por una vez, tengas que detenerte y simplemente ser quién eres. Quizá incluso tu pasado, con todos sus errores y sus vergüenzas, era básicamente tú y era aceptable. Podría no haber otro modo.

El camino para no estar estancado es permanecer estancado. No llegar a ninguna parte te permite sentir cómo es la experiencia de ti mismo. He hablado de tu esencia y, sin embargo, Aristóteles diría que tu esencia es tu alma. Así que rescribamos lo que hemos estado pensando. Nos quedamos estancados para sentir la presencia del alma en lugar del flujo de la vida. En la esfera del alma no cambias, pero tal vez te orientes de otra forma. No fluyes, porque tu esencia es el punto fijo de tu existencia. La sensación de estar estancado es una sensación adecuada para el alma. Marsilio Ficino (1975) dijo: «El alma está parcialmente en el tiempo y parcialmente en la eternidad». La parte que está en la eternidad precisa una pausa meditativa, un punto de vista aparte del flujo del tiempo, y tal vez incluso, la irritante sensación de estar estancado.

Quedarse estancado podría ser una forma sintomática de alcanzar el nirvana. El samsara es el flujo; el nirvana, la pausa. Si seguimos nuestra regla de que un síntoma indica lo que se necesita y que debería conservarse para que sepamos lo que necesitamos y tengamos acceso a ello a través del síntoma, entonces quedarse estancado señala una forma más profunda y positiva de no avanzar. El nirvana.

He estado años reflexionando sobre esta paradoja: sabes que no eres la persona que te gustaría ser ahora. Estás crónicamente enojado, te pones celoso y no logras dar un buen rumbo a tu vida laboral. Necesitas cambiar. Y, sin embargo, las fuentes más profundas y más fiables, como los taoístas, dicen que no necesitas cambiar.

¿Podría ser que estás bien siendo la persona que eres, pero tienes elementos toscos, a los que Jung se refería como *nigredo*, que son materias primas y necesitan florecer? Si tratas de cambiar, puede que estas materias primas no lleguen a fructificar. Entonces solo tendrás más *massa confusa*, lo que no es nada bueno. De modo que no cambies. Siéntate, reflexiona, lee poesía y deja que tu alma emerja. El emerger del alma es el mayor secreto de todos.

Me imagino a dos seguidores del zen o del taoísmo en terapia: «No estamos llegando a ninguna parte». «Excelente. Por fin.»

Una forma de no alcanzar el estado de nirvana consiste en ensimismarte con la cultura. El ciclo de nacimientos y defunciones que describe el samsara, de lo que te salva el nirvana, es la vida estándar sin sentido, irreflexiva: consumir inconscientemente cosas materiales, asumir valores irreflexivos, apreciar menos la inteligencia y la sabiduría, perseguir la mera diversión en lugar del placer, no tener en cuenta el sentido y el propósito, evitar el destino y la comunidad. El nirvana es abandonar esta huida inmadura y sin sentido de una vida honesta.

Por supuesto que nos quedamos estancados, porque tenemos que detenernos y estar libres de la necesidad de hacer. Estamos estancados en la terapia porque necesitamos una revisión radical. Las costumbres y los supuestos están muy arraigados y no nos liberamos de ellos sin una pérdida a medio camino. Tenemos que desprendernos de las viejas costumbres antes de poder adoptar un nuevo punto de vista. Una conocida historia zen habla del maestro que llena la taza del pupilo con una cantidad desbordante de té; se trata de una lección sobre disponer de cierto vacío, un espacio para nuevos acontecimientos, algo de estancamiento en nuestra actividad febril.

Tanto el terapeuta como el cliente pueden tener una actitud samsara en su, por lo demás, buen trabajo. Están ocupados intentando hacer algo y alcanzar un objetivo. Si no avanzan hacia ese objetivo, se sienten estancados. El problema no es tan misterioso. El problema es el objetivo y el ajetreado intento de alcanzarlo. Una flor no necesita ningún objetivo. Simplemente florece.

De modo que, en la terapia, deja que la sensación de no llegar a ninguna parte esté ahí y haga su trabajo. No la combatas ni la mejores. No pienses que sabes cuánto tiempo tiene que permanecer ahí. Deja que trabaje en ambos, cliente y terapeuta, hasta que finalmente desaparezca por falta de interés. Si dejas de preguntarte por qué te sientes estancado, la sensación podría desaparecer. Descubres que has estado haciendo las preguntas equivocadas.

Si te dejas guiar por este síntoma de estar estancado, dejarás de intentar llegar a alguna parte y harás una pausa en tu hiperactividad febril. Finalmente abandonarás el mito del héroe que está incrustado de modo tan inconsciente en la vida moderna. Aprenderás a ser en lugar de simplemente hacer. Llegados a este punto, la terapia puede comenzar, de modo que en cierto sentido tus conversaciones conduzcan al punto de estancamiento. Es su objetivo.

Medusa y el caballo

Patricia Berry, la brillante analista arquetípica y junguiana, ha escrito sobre Medusa como una imagen de estancamiento personal. La gorgona convertía en piedra a una persona. Se quedó embarazada de Poseidón, el dios del agua y de los caballos, por lo que, cuando el héroe Perseo la mató con su espada, nació el caballito Pegaso, cuyos cascos golpearon la tierra e hicieron brotar de ella una fuente, Hipocrene (la fuente del caballo), de la que surgen la inspiración y las ideas creativas. Si bebes de esta fuente, serás bendecido por las musas.

Berry ve el nacimiento de Pegaso como un regalo de la maldición del estancamiento de la gorgona. Este mito nos llevaría a considerar que en nuestra inmovilidad hay un embarazo y la posibilidad de una creatividad excepcional, una conexión íntima con las musas y con la clase sencilla y profunda de inspiración, la clase que burbujea desde las profundidades y ofrece certeza y confianza. Y así, esperar puede ser una gestación, un llevar a término, que exige una paciencia casi imposible.

Se cuenta que Beckett estaba sentado en un teatro viendo una de sus obras. Un compañero le dijo: «Hay cierta esperanza». «Oh, no —respondió Beckett—. Ninguna esperanza en absoluto.» No puede haber ninguna esperanza, porque destruiría la pureza de la espera y la plenitud de estar estancado. No puedes hacer trampa creyendo en un final de la espera.

Estar estancado en el contexto de la terapia adopta muchas formas: «No estoy llegando a ninguna parte. Estoy malgastando mi dinero. Necesito un terapeuta mejor». Una buena terapeuta reconoce el género de esta obra de teatro. Estar estancado. Sabe también, entonces más que nunca, que hay que tener paciencia. Un caballo de poder creativo se está acercando, a la espera de ser revelado. No hay garantías, y no puedes burlar el patrón aferrándote a la esperanza y a las expectativas. Tienes que conocer a Pegaso sin exigir que aparezca. Su nacimiento es un regalo de los dioses y, especialmente, de la diosa que petrifica y que tiene serpientes por cabellos, la diosa que paraliza el tiempo.

Estar completamente estancado y experimentar la aparición de una creatividad profunda son dos necesidades. Van de la mano. No puedes racionalizar sus procesos y explicar cómo funcionan. Simplemente confías que el estancamiento esté relacionado con una nueva vida. En el mito, Pegaso, el caballo artístico, nace de la cabeza de Medusa, el monstruo que petrifica. De tu desesperación puede surgir una poderosa creatividad.

Tanto trabajo y no llego a ninguna parte.
Pero esa ninguna parte es un lugar genial.
Aquí no pasa nada, salvo mucha vida.
¿Podría haber estado buscando esta ninguna
parte todo este tiempo y esperando para nada?

10

La neblina de la infancia

Las historias de la infancia suelen ser más potentes y útiles que otras historias que cuentas. En ellas ves patrones que siguen influyendo en ti como adulto, y tienes la impresión de que, con estas historias, accedes a las raíces mismas de tu ser. Son curiosas porque parecen tratar del pasado y, aun así, te ofrecen una buena imagen de quién eres ahora.

A veces, cuando la gente cuenta historias sobre su infancia, culpa enseguida a sus progenitores de sus problemas. La mayoría de personas nos tomamos estas historias literalmente y pensamos que nuestros progenitores y ciertas experiencias clave de la infancia son la *causa* de los problemas de la edad adulta. Pero tanto Hillman como Jung advirtieron que no debía tomarse la infancia de un modo demasiado literal. Sobre el arquetipo del niño, Jung (1968) comentó: «El motivo del niño representa no solo algo que existió en el pasado remoto sino también algo que existe ahora; es decir, no es solamente un vestigio, sino un sistema que funciona en el presente y cuyo propósito es compensar o corregir, de forma significativa, la parcialidad y las extravagancias inevitables de la mente consciente» (p. 162). Esta idea es fundamental: los «recuerdos» de la infancia no son vestigios del pasado real, sino imágenes que influyen en el presente. No son historia, sino filtros para ver determinados aspectos de lo que está ocurriendo ahora.

Recurriré a mí mismo como ejemplo. Cuando era pequeño, era un niño tranquilo que no hablaba demasiado y no era ruidoso. A veces, ahora, cuando recuerdo ese silencio y mi problema actual para expresarme en determinadas situaciones, explico que mi madre me decía con frecuencia que me estuviera callado. Su palabra para un niño que se portaba mal era *descarado*, y yo no tenía que ser descarado. Es una explicación convincente.

Pero de adulto me gusta estar callado y me encanta la soledad. No creo que esto se deba a que mi madre quisiera que estuviera callado. Parece que tengo un carácter contemplativo por naturaleza. Es básicamente una cualidad positiva, que sin duda floreció cuando viví en un monasterio, una vida que me encantaba y que recuerdo con cariño. De modo que tal vez la historia sobre mi madre no sea precisa al tomar literalmente la experiencia de mi infancia y culpar a un progenitor. Podría ser mejor saber que desde el principio he sido una persona callada, y aunque relaciono fácilmente mi soledad de adulto con mi infancia, la una puede no ser la causa de la otra. Ser callado de niño me dice quién soy en lugar de lo que pasó.

Así pues, como terapeuta, cuando un cliente habla sobre sus progenitores o su infancia, tengo la prevención de no escucharlo tal como lo cuenta, como una historia literal sobre lo que sucedió y sobre cómo esos primeros acontecimientos son responsables de quién es actualmente el adulto. Tengo copiada la frase de Jung que he mencionado anteriormente y la releo de vez en cuando. Quiero recordar que el niño y la infancia son filtros, imágenes translúcidas para mirar situaciones presentes.

Determinadas imágenes míticas o arquetípicas nos resultan más transparentes. Podemos imaginar al héroe, al mago, al guerrero y a la cazadora, por ejemplo, como imágenes y no como figuras históricas. Puedes intuir inmediatamente, por ejemplo, que Juana de Arco representa la valentía y el liderazgo de una mujer joven. Estamos más interesados en esta imagen que en el modo en que sus actos tuvieron un impacto en la historia, un impacto que llega hasta la actualidad. Pero una imagen de nuestra infancia, en las historias que contamos, en fotografías antiguas o en las discusiones en terapia, parece tan factual y real que nos resulta más difícil verla como una imagen. La tomamos literalmente y vemos la infancia como la causa del trastorno actual. Nos concentramos en la historia antes que en el arquetipo.

Narrar nuestra infancia sin duda dice algo sobre nuestros orígenes, experiencia y carácter, pero sacar a colación la imagen del niño introduce también sentimientos y fantasías sobre una nueva vida, nuevos comienzos y un nuevo ser. El niño aparece, pongamos por caso en sueños, para anunciar un nuevo acontecimiento que puede desafiar, como dijo Jung, el *statu quo*. El niño es una imagen viva, en y del presente, no solo un hecho histórico. Hago hincapié en el niño imaginal porque normalmente suponemos que lo que se dice sobre la infancia es historia personal.

Así pues, cuando en el sueño de un cliente aparece un niño, puedo ver si algún nuevo acontecimiento está haciendo aparición en la vida del soñador. Podría preguntarle: «¿Le hace esto sentirse como un niño? ¿Se siente inexperto, novato o torpe? ¿O creativo, esperanzado y entusiasmado? ¿Tiene esa sensación especial de que una nueva fase de la vida está en marcha?»

He oído muchos sueños de personas mayores que los devuelven al colegio y a la adolescencia, el niño mayor. En la vida real puede que estén comenzando un nuevo trabajo o dando un gran giro a su existencia. Tal vez precisen nuevas aptitudes e información. De modo que el sueño los sitúa de nuevo en el colegio. Es como si estuvieran en la primaria o en la universidad, según la naturaleza del nuevo acontecimiento actual.

En ocasiones semejantes, los adultos pueden sentirse de nuevo como un niño o como una persona joven y revivir la sensación de sentirse inexperto y carente de conocimientos. El espíritu del niño está de visita. Puede presentarse muchas veces durante la vida de una persona, porque no está limitado por el tiempo. El niño está siempre con nosotros, unas veces más insistente que otras.

James Hillman (1975a), que también escribió exhaustivamente sobre la infancia, dijo: «No podemos saber qué son los niños hasta que conocemos mejor el funcionamiento del niño imaginario, el niño arquetípico en la psique subjetiva» (p. 10). Las historias sobre la infancia que se cuentan en la terapia son el alma hablando a través de la imagen de la infancia. Como la imaginación está siempre activa, no hay forma de conocer la infancia salvo a través de los pensamientos que tenemos sobre ella.

En general, Hillman definía la memoria como una forma de imaginación. Cuando recuerdas cómo era tu vida de niño, estás reimaginando tu vida pasada y volviendo a la forma de ver el mundo de un niño. El niño siempre está presente, pero sale a la superficie en los momentos oportunos.

Las ficciones de la infancia

Las historias que contamos en el presente sobre nuestra infancia pueden parecer una historia exacta: los hechos claros, las emociones bien recordadas, las responsabilidades atribuidas a la gente correcta. Y, sin embargo, hay muchos indicios de que, para decirlo en términos de Hillman, nuestras historias son también en parte ficción. Cuenta estas historias en una reunión familiar, y oirás correcciones y variaciones. Escúchate a ti mismo contar una historia de tu niñez más de una vez y es posible que te pilles contando una versión diferente del relato. Esas variaciones expresan tu realidad actual, puede que tu modo de pensar hoy en día.

Cuentas muchas historias distintas, basadas en los mismos hechos. Está la historia que una persona lleva años contando y que ha dado sentido a su vida. El terapeuta puede querer guiar a su cliente hacia una nueva historia sobre los mismos hechos, una historia menos condenatoria quizá, o no llena de culpa. Existen otras variaciones, pero estas dos pueden provocar una lucha en la terapia. El cliente está apegado a su historia porque le resulta familiar y mantiene las cosas en calma, mientras que el terapeuta cree que la historia que puede imaginar es más saludable. Nadie tiene razón, pero el contrapunto, o choque, puede ser liberador.

Recuerdo una persona que culpaba a su padre de las desgracias de su vida. Mantenía con firmeza esa narración y no quería cambiarla ni un ápice. Tras oír su historia muchas veces, sentí algo de compasión por su padre. Por lo menos, podía entender, a partir de sus orígenes, que hubiera sido un mal padre. Yo tenía la impresión de que, si ella podía dar una oportunidad a su padre, tan solo un atisbo de comprensión, podría liberarse del odio que la convertía en una persona amargada. Por un tiempo tuvimos narraciones enfrentadas.

Al final, con esta clienta tuve la sensación de que, aunque no suscribió mi versión de los hechos, la conversación relajó la historia rígida que había estado contando toda su vida. Nuestra terapia adoptó la forma de la *solutio* alquímica, la división de una imagen compacta de una vida en sus partes. Resquebrajar su historia fue una solución parcial, por lo menos, de su problema. La clienta sintió que la *solutio* era una solución, una resolución de sus problemas. Ella sabía que tenía más trabajo que hacer, pero en ese punto terminó la terapia sintiéndose transformada y capaz de abordar su vida con menos amargura.

Este es, por cierto, un ejemplo de un final que es fuerte pero no definitivo. Yo me sentía algo incompleto y me habría gustado que la terapia continuara, pero entendí que, tras el intenso trabajo hecho para llegar a ese punto, la mujer quisiera vivir un tiempo sin enfrentarse a experimentar nuevas narraciones. Contaba entonces con una versión corregida de su infancia que le resultaba liberadora. Aun así, tanto ella como yo sabíamos que una futura revisión la ayudaría todavía más. Por supuesto, confié en su decisión y la respeté, y me complacería, por si sirve de algo, que un día me llamara y me dijera que le gustaría volver a la terapia. Sospecho que encontrará otro terapeuta y le entregará el testigo. Eso también me parecería bien.

La terapia como arte literario

Un pasaje del poeta Wallace Stevens (1989) me ha guiado durante muchos años en mi comprensión tanto de la religión como de la psicología profunda: «La creencia final es creer en una ficción, que sabes que es una ficción, al no haber nada más. La exquisita verdad es saber que es una ficción y que crees en ella por voluntad propia» (p. 189). Estas palabras no son tan radicales como pueden parecer de entrada. Simplemente tienes que aceptar que todo lo que decimos está influido por los límites de nuestro entendimiento, nuestros sesgos emocionales, y nuestras esperanzas y nuestros deseos. La imaginación da forma a todo lo que decimos y pensamos. Cuando contamos la historia de nuestra vida, todos somos novelistas.

En su libro *Healing Fiction*, Hillman (1983) fue más allá. Dijo que la terapia te ofrece la oportunidad de optar a una ficción mejor, de contar una historia más avanzada sobre tu vida. Especialmente, puedes culpar menos y despreciar menos a figuras importantes. Puedes valorar la complejidad de la novela mejor que antes. Puedes contar tu historia con más imaginación y perspicacia y con menos emoción cruda. Tus complejos pueden tener un papel más suave, y puedes ser más compasivo contigo mismo y con los demás (p. 26).

Esto es clave para los terapeutas y para los amigos que orientan a amigos: intenta poder disponer de una historia más sofisticada sobre la vida de tu cliente o amigo. El objetivo es culpar menos de forma evidente a los progenitores y otras figuras importantes, y tener más compasión por ellos. Aprende que la vida es siempre más complicada y sutil de lo que solías imaginar. Revisa tus historias, hazlas más maduras y precisas, y elimina de ellas las emociones infantiles fuertes.

El niño del alma

El niño del alma es bastante distinto del niño de la memoria. Los hechos históricos no son tan relevantes, para empezar. El niño es eterno, *puer aeternus*, como cantan los monjes en Navidad, una fiesta que honra el nacimiento de este niño del alma. Jung afirmaba que el niño de la psique anuncia nuevos comienzos. En esos momentos en que tu vida está dando un nuevo giro y en que se está iniciando algo nuevo, puedes soñar con un bebé. No se trata de un niño temporal, sino de un conjunto de cualidades que se imaginan mejor a través de tu experiencia de un niño. Este niño arquetípico adquiere conciencia, una expresión de la novedad de tu experiencia.

Los matrimonios jóvenes se comportan a menudo como niños, llenos del espíritu de un nuevo comienzo. Puede que exterioricen el grado de júbilo, esperanza y alegría que sienten al pensar en una nueva fase de la vida para cada uno de ellos y para su matrimonio. El día que empiezas un nuevo trabajo puede surgir en ti un espíritu infantil parecido. Puede que no dure tanto como creías, pero el mero hecho de que esté ahí imprime un impulso a la vida y te da la energía que necesitas para ser optimista. Estos son los regalos del niño del alma, que desempeña una función importante en las dinámicas de una vida corriente.

Pero Hillman, eterno portavoz de la sombra, nos recordaba otro aspecto del niño que podríamos pasar por alto. El niño puede ser llorón, inseguro, dependiente, capaz de tener rabietas espeluznantes, quejica y sucio. Estas cualidades acompañan también al niño del alma. Puede que no seas capaz de tener el uno sin el otro: el espíritu creativo y el protestón quejumbroso. La gente que habla sonriente de su «niño interior» suele pasar por alto el niño que tiene rabietas.

No confundamos, pues, el importante niño arquetípico, el heraldo de una nueva vida, con la idea sentimental de un «niño interior» que es adorable. Los nuevos comienzos, imaginados a través de la imagen de un niño, pueden ser difíciles. Pueden salir a la luz miedos y rabietas, y la sensación de que no puedes caminar o hablar como un adulto. Ambos aspectos de esta experiencia infantil son valiosos, y normalmente no puedes tener el uno sin el otro.

La división adulto-niño

Cuando nos encontramos en un episodio infantil, por mayores que seamos, podemos toparnos con un obstáculo, una ruda voz adulta dentro o fuera de nosotros. Una figura adulta puede hacer entrar en escena para mantener el espíritu infantil a raya o para criticar y castigar. Las imágenes arquetípicas suelen presentarse de dos en dos. Parte de una terapia completa incluiría aceptar este espíritu infantil y dominar la negatividad adulta hacia él. El niño libre trae consigo un adulto que lo limita, un conflicto que puedes sentir internamente o en tus relaciones. El niño juega libremente y el adulto dicta la ley.

Si te has rendido a la exigencia de la cultura de crecer y comportarte como un adulto, puede que tengas una reacción negativa hacia tu propio espíritu infantil cuando aparece. Se espera que crezcas, no que actúes como un niño. O, como ocurre a menudo, el espíritu infantil irrumpe en ti y oyes la voz de un progenitor que te dice que actúes como un adulto. A la mayoría de personas nos han enseñado a dominar a ese niño y, finalmente, a acabar con él.

En la terapia, una persona siente mucho algo que se dice y llora. Después, se disculpa por llorar. Podría tratarse del niño que cobra vida en el llanto. La mujer piensa: «No tendría que llorar. Soy adulta. Tendría que enfrentarme estoicamente a estas cosas». El débil niño ha aparecido, y con él, el adulto negativo.

En un momento así, una respuesta terapéutica consiste en silenciar al autoritario que castiga y ser más amable con el niño arquetípico. Esa amabilidad podría transmitirse al niño de la historia personal. Hablamos sobre culparnos a nosotros mismos de diversas cosas, pero para ser más exactos, a menudo reprendemos al niño del alma. A los adultos suele impacientarles que los niños sean niños, pero también les resulta difícil estar cerca del niño arquetípico, el niño del alma que aparece en ellos y en los demás.

Plantéate conceder más espacio al niño en tu vida, permitiéndote ser más dependiente y revoltoso como precio a pagar por la espontaneidad y la creatividad. También puedes ayudar a tu adulto serio a hacerse amigo del niño juguetón participando en más juegos y despreocupándose físicamente en situaciones adultas. En una división así, cada una de las dos caras puede aportar algo a la otra. Podrías ser juguetonamente serio o seriamente juguetón más a menudo. O podrías trabajar duro unas horas y divertirte desenfrenadamente después. Hay muchas formas de lograr que el niño y el adulto se lleven bien.

Un terapeuta o un amigo del alma tiene que ir con cuidado de no asumir el papel del adulto que castiga como respuesta al espíritu infantil de un cliente. Es decir, el arquetipo de la división adulto-niño puede repartirse entre el terapeuta y el cliente. El cliente evoca de algún modo el espíritu infantil, y el terapeuta queda atrapado en una contratransferencia por la que o bien juega con el niño o bien lo reprende. Es mejor mantener la pareja intacta y con una buena relación. Sin división. Pero, como de costumbre, es trabajo del terapeuta darse cuenta de la división y hacer algo al respecto.

Totalmente adulto y todavía niño

Recuerdo algunos de los momentos privados en los que llegué a conocer mejor a Hillman. Una vez, estábamos en el teatro y su madre estaba sentada a mi lado, contándome historias sobre los primeros años de «Jimmy». James estaba a mi otro lado, haciendo muecas. Yo estaba encantado de oír cosas sobre la infancia de alguien que no creía en ella. Como nos pasa a todos a veces, su madre no le dejó esconder a su niño y conservar el extremo adulto de su imagen.

Otra vez, estábamos sentados con el bañador puesto en el *spa* cubierto con bañera de hidromasaje de su casa en Connecticut. Se estaba quejando de cómo le estaban creciendo los pechos con la edad. Me pregunté por esta nueva extensión de su persona, en aquel momento hacia la debilidad del andrógino, como López-Pedraza, amigo de Hillman, lo describía. A James le avergonzaba un poco en quién se estaba convirtiendo, pero yo tuve la impresión de que era la adecuada suavización de una personalidad, una mayor identificación con la madre.

Unos años después, estuve sentado mucho rato a su lado mientras yacía en una cama de hospital que se había instalado en aquella misma sala de *spa* conectado a un gotero de morfina para controlar el dolor que le provocaba su cáncer intratable. En ambas ocasiones, me conmovió oírle hablar con candor, confesando su amor por la vida. Las horas que pasé a la cabecera de su cama me fijé también en que varias personas fueron a despedirse de él, diciéndole cada una de ellas que lo querían, que querían a ese hombre que era terrible para muchos, que decía lo que pensaba, y que escribía con una enorme pasión las ideas que se agolpaban en su imaginación. Sentí que eran sus niños, que acudían a la madre y al padre en James, una conclusión conmovedora de unas relaciones muy sentidas. Tuve la sensación de que James trataba a estos «niños» con amabilidad y comprensión.

Hillman me enseñó que puedes ser incisivo en tus análisis de la cultura y de la vida de las personas, señalar la sombra cuando ellas preferirían adoptar un enfoque sentimental, libre de sombra, e incitarlas a crecer y ser fuertes. Al mismo tiempo, puedes disfrutar de un optimismo simple y entusiasmarte con cosas cotidianas, como el béisbol. Puedes ser muy adulto y muy infantil, sin buscar un equilibrio, sino disfrutando de los extremos sin dividirlos.

Hillman quería que la gente viviera su vida con audacia y que no se escondiera tras sus progenitores neuróticos. Le interesaba el padre y la madre arquetípicos, sobre los que escribió. Quería ver, a través de los progenitores reales, el mito más profundo de la familia que se estaba representando, porque creía que había libertad e individualidad en reconciliarse finalmente con la Gran Madre y el Gran Padre.

Dejar la infancia, pero no dejarla atrás

Jung afirmaba que una de las principales tareas de la terapia consiste en ayudar a una persona a dejar la infancia y convertirse en adulta, a formar parte del mundo en lugar de quedarse estancada en las dinámicas de la familia personal. Sin embargo, decía, tenemos que conservar nuestras raíces familiares para no perder el contacto con nuestros sentimientos instintivos. Tenemos que romper con la infancia y, aun así, permanecer en ella también.

Estamos siempre pasando de una encarnación del progenitor arquetípico a otra: del profesor al cónyuge, al jefe, al pastor o sacerdote, al presidente de cualquier organización que nos apoye. En cualquier momento dado, tengo la sensación de tener veinticinco madres y padres esparcidos por mi mundo. Puedes liberarte de malos recuerdos de la infancia, los suficientes para pasar a la crianza arquetípica. Sigues avanzando hacia la independencia adulta y, sin embargo, te involucras más en la familia arquetípica.

Puedes pasarte años explorando el mundo en busca de «madres» y «padres» adecuados y eficaces. Tienes que estar a la vez conectado con tu familia para que te sirva de base y descubrir nuevas clases de progenitores y de hermanos en el gran mundo. No es malo seguir encontrando progenitores en todas partes. Los necesitas. Son un regalo. No obstante, pueden ir acompañados de complicaciones tan espinosas en todos los sentidos como las de tus progenitores reales. Evidentemente, es un proceso complejo y uno de los más importantes en el cuidado de tu alma. Un buen terapeuta tiene que poner en orden las estrechas relaciones entre sus progenitores reales y sus progenitores arquetípicos antes de guiar

144 | LA TERAPIA DEL ALMA

a alguien por el sinuoso y rocoso camino que lleva a ser un niño eterno.

El terapeuta tiene que detectar el momento en que el cliente o el amigo comienza a pensar en él, el terapeuta, como en un progenitor. No siempre está determinado por el género. Los hombres son buenas madres y las mujeres puede resultar padres eficaces. No es algo malo, pero acarrea problemas específicos. Tienes que ir especialmente con cuidado de no identificarte con el progenitor y dejar que tu paciente se sumerja en la infancia. Deja que sea un adulto y que él te haga de progenitor a ti para variar. Tú puedes ser un niño en tu papel de terapeuta y dejar que tu cliente sea a la vez una madre y un padre para ti.

Jung aconsejaba no transferir el sentimiento entre hijo y progenitor a un gobierno o a una cultura. Podrías interpretar al niño en relación con un director o un político. Habrías cedido demasiado. En lugar de eso, Jung recomendaba el «reino interior», una referencia al Evangelio que enseña un modo de vida, en el que el padre está en el cielo, mientras que el hijo está en la tierra. Lee con atención el Evangelio según san Juan, y te darás cuenta de que el reino celestial del padre, aunque relacionado con este, jamás se confunde con la vida mundana. Jamás deberíamos confundir el progenitor de la vida real con el progenitor arquetípico.

Si eres un progenitor que temporalmente se está relacionando terapéuticamente con su hija, ayudándola a poner en orden sus emociones, tienes que tener especial cuidado en separar tu infancia de la suya y también tu niño mítico del suyo. Puedes dejar que tu hija viva su propia vida y tenga sus propias experiencias. Esta puede ser una regla en tu filosofía de la parentalidad, y si no tienes semejante filosofía, ha llegado el momento de empezar a crearla.

Jung (1966) escribió: «La filosofía vital de una persona guía al terapeuta y da forma al espíritu de su terapia... Es posible y muy probable que se haga añicos una y otra vez al chocar contra la verdad del paciente, pero se levanta de nuevo, rejuvenecida por la experiencia» (p. 79).

Cuando estás hablando con un niño, tú eres un adulto. Existe una distancia natural entre ambos. Recuerda que hablar con los niños es un arte y jamás debería ser un acto espontáneo, inconsciente. Si olvidas que son niños, es probable que los trates desde tu inconsciencia. Escucha a un adulto intentando reprender a un niño que se porta mal. ¿Qué tono es ese? No es normal ni humano. Es un complejo arraigado en el arquetipo dividido de progenitor e hijo. Cuando estás con niños, puede que tengas que tomar una decisión consciente de no hablar desde un complejo parental. De otro modo, la relación no será clara ni real; tu voz estará al servicio del complejo parental que se ha apoderado de ti.

Puede que tú, el terapeuta, seas el primer progenitor real que haya tenido nunca el cliente. O podrías ser la mejor encarnación del arquetipo parental. Tu cliente, como todo el mundo, necesita una multitud de progenitores en el transcurso de su vida. Estarías haciendo bien tu trabajo si pudieras ser el canal para el progenitor arquetípico y hacer ese regalo a tu cliente. Sería un progenitor especial, translúcido, que representa y hace pasar al Gran Padre o la Gran Madre.

Los niños tienen mucho que desaprender cuando crecen y acceden al mundo adulto. La educación es olvidar hasta que maduran y empiezan a recordar de nuevo de dónde procedían.

TERCERA PARTE
COSAS DEL ALMA

¿Conoces las noches de amor?
¿Tienes sépalos de palabras tiernas
corriendo por tus venas?
¿No hay lugares en tu hermoso cuerpo
que recuerdan como si fueran ojos?

Rainer Maria Rilke

Trabajar con la psique no es lo mismo que gestionar la vida o resolver problemas. Es algo profundo y busca narraciones y temas subyacentes. Los sueños contribuyen a revelar esos temas que están actualmente en juego, pero también puedes detectarlos en las historias de la vida cotidiana.

11

El trabajo con los sueños

Aunque es algo misterioso, nada podría ser más corriente: nos acostamos por la noche, nos sumimos en un estado que llamamos sueño y, entonces, visitamos tierras de prácticamente pura fantasía. Volvemos a ver a personas del pasado, a quienes se han ido antes que nosotros y a personas que nunca conocimos. Hacemos cosas que contradicen las leyes de la naturaleza, como volar agitando los brazos. Tenemos pesadillas que hacen que nuestro corazón lata de miedo. Entonces nos despertamos diciendo que hemos «tenido» un sueño, cuando en realidad estábamos en un sueño.

En los sueños, yo soy un participante. Noto una continuidad entre la persona que soy en la vida y el ego onírico, el «yo» que experimenta el sueño. Pero el ego onírico puede ser bastante diferente en otros aspectos de la persona que soy en la vida de vigilia. Ahí me encuentro también con un amigo, que en la mayoría de aspectos es la misma persona que conozco en la vida, aunque puede hacer algo que no es nada propio de él. Parece la persona que conozco, pero es evidente que es otra persona. Vive en el reino de los sueños.

Según los científicos, no soñamos toda la noche; no obstante, pasamos una tercera parte de nuestra vida dormidos y una parte de ese tiempo en el país de los sueños. Durante el día estamos también en una especie de paisaje onírico. Con apenas un poco de atención, podemos percibir una historia más profunda que se desarrolla bajo los hechos de la vida diaria. Me encuentro con un hombre que me recuerda un poco a un tío mío. De repente, mi relación con él es más onírica que factual. Mi mito de la familia cobra vida, y con este hombre estoy en un viejo sueño.

Somos una sociedad rara que no se toma los sueños en serio. En el pasado, muchas personas inteligentes se han servido de los sueños para encontrar su camino. Patricia Cox Miller (1994) escribió que hace casi dos mil años los sueños «servían para hacer aflorar los pensamientos y los miedos sumergidos hacia una conciencia consciente y suscitaban en el soñador nuevas formas de interacción con el mundo». Los sueños «eran barómetros de predisposiciones interiores y como mapas de carreteras para franquear la intersección de la conciencia personal y la actuación pública» (p. 252). La fascinación por los sueños que tiene mucha gente hoy en día es, sin duda, una reacción al hecho de que la sociedad no los toma en serio. Estamos ávidos por reconectarnos con este país profundo de la psique que promete resolver muchos de nuestros problemas.

Durante siglos ha habido escritores brillantes que han explorado teorías sobre los sueños y métodos para manejarlos. Algunas personas han usado los sueños para la adivinación y los han considerado visitas de ángeles y otros espíritus, señales sobre el futuro, y patrones de la vida psicológica del soñador. Freud publicó *La interpretación de los sueños* en 1900 para marcar el inicio de un nuevo siglo y de una nueva era, en que el reino profundo y oscuro de la inconsciencia se exploraría con una dedicación renovada. En la primera frase, Freud (1965) escribió: «…cada sueño se revela como una estructura psíquica que tiene un significado y que puede insertarse en un punto asignable de las actividades mentales de la vida de vigilia» (p. 35). Atención: cada sueño tiene significado y está relacionado con la vida de vigilia.

Durante muchos años he centrado mi trabajo terapéutico en los sueños de mis clientes. No tengo demasiadas teorías o métodos, aunque me ha influido mucho el libro de Hillman (1979) *The Dream and the Underworld*, en el que recomendaba que nos sumerjamos profundamente en un sueño y dejemos que nos influya, en lugar de traducir el sueño a los términos y los conceptos de la vida de vigilia. Según él, no deberíamos interpretar los sueños, sino más bien ser interpretados por ellos.

No quiero interpretar un sueño de un modo tan exhaustivo que quede explicado y se acabó. El sueño tendría que seguir siendo siempre un reto con sus imágenes impenetrables. Al mismo tiempo, en ese ámbito, uso todo lo que está a mi alcance para lograr descubrir algún sentido: mitología, literatura, psicología, etimología, las asociaciones de mi cliente, mis propias asociaciones y enciclopedias de conocimientos. Creo que podemos proyectarlo todo en un sueño, siempre y cuando no lo matemos con interpretaciones irrevocables.

Hace poco tuve un breve sueño que me pareció significativo. Mi hija de veintiséis años, que es música, llevaba en la frente apósitos de gasa impregnada de sangre. Su madre le iba quitando un apósito de gasa tras otro, y la sangre volvía a brotar. Al principio escribí que tenía un corte en la frente, pero el sueño no mostraba eso. Solo sé que la sangre empapaba los apósitos de gasa. Es importante ser lo más preciso posible al relatar el sueño.

Al principio pensé que el sueño tenía que ver con mi hija. Tiene un fuerte instinto maternal que la anima a cuidar de las personas, a veces a costa de sí misma. Pensé que el sueño podría mostrar que la sangre, posiblemente una imagen del corazón y la empatía, brota de ella en el área de su mente y su imaginación. Hay un modo en el que la mente puede sangrar. Pero ella no puede cuidar lo suficiente de sí misma para interrumpirla (los cuidados maternales consigo misma no son eficaces). Hay algo que no cuadra con el sangrado porque los apósitos de gasa no sirven de nada para pararlo.

Para concentrarse en el sueño, iría bien tener unos cuantos sueños más o menos durante el mismo período de tiempo. A menudo, los sueños llegan en conjuntos, y tienen una relación entre sí la mayoría de veces en cuanto al tema, la imaginería y, a veces, el significado. Jung (1966) escribió: «Doy poca importancia a la interpretación de sueños individuales... Los sueños posteriores corrigen los errores que hemos hecho al tratar los que tuvieron lugar antes» (p. 150).

En el sueño sobre mi hija, podría imaginar todo el drama ocurriendo en mi propia psique. Jung podría haber dicho que es mi ánima, el ánima de mi hija, la que está sangrando abundantemente. Yo también tengo tendencia a sangrar mis emociones y, particularmente, a pensar terapéuticamente, de un modo empático. Jamás he olvidado a un profesor mío que una vez me dijo: «Tom, tu problema es que tu enfoque de la vida es pastoral. No guardas la distancia suficiente con los hechos y la gente». Esa sangre que manaba de la cabeza de mi hija podría ser el Thomas Moore pastoral, aquel cuyo pensamiento está tal vez demasiado influido por su exagerada compasión. En mi caso, me gusta ser siempre terapéutico, incluso en mis escritos. Mi cabeza sangra para mis lectores.

A menudo un sueño contiene dos o tres escenas diferentes, aunque parece ser un solo sueño. Podría ser que las diversas escenas quieran expresar lo mismo con una imaginería diferente y, tal vez, con un énfasis diferente. En la primera parte de un sueño, una mujer se encuentra con un hombre atractivo al que le gustaría conocer. En la segunda parte, está cuidando de un bebé en un parque que le encanta. Los elementos de ambos sueños pueden indicar una nueva vida para la soñadora: uno, la aparición de una nueva figura maravillosa en su vida, y dos, el bebé como señal de una nueva vida.

Terapeutas profesionales de todas las tendencias podrían estudiar los sueños e introducirlos en su consulta. No hace falta ser un experto. Limítate a no estar demasiado seguro sobre la interpretación que haces del sueño. Piensa en tu papel como en el de añadir algunas reflexiones, pero no el de ofrecer una interpretación final. Pronto descubrirás que los sueños te permiten comprender a una persona mejor que las historias que ella cuenta.

En el momento en que escribo esto suelo trabajar un sueño con un grupo de personas. Doy ejemplo no dando enseguida una interpretación, sino ofreciendo reflexiones sobre diversas imágenes. El grupo me sigue y aporta cuidadosamente sus respuestas. Hablamos de este modo media hora y, después, nos despedimos. Hemos avanzado un buen trecho con el sueño, pero no lo hemos «pillado».

Un terapeuta podría prestar también atención a su vida onírica, porque esos sueños podrían ayudarle a ser consciente de cosas que están en juego bajo la superficie del trabajo.

Los sueños podrían dar pistas sobre cómo el terapeuta está interfiriendo en la terapia, y qué direcciones puede seguir en el trabajo. Una gran ventaja es que los sueños son actuales. Te proporcionan un punto de vista de las cosas tal como son en el momento presente, no en abstracto.

Si tuviera que tomar la cabeza sangrando a pesar de los apósitos de gasa como una señal sobre mi trabajo actual como terapeuta, podría considerar que, de mi cabeza, mis pensamientos y propósitos sale demasiada sangre. Tal vez necesite parar la hemorragia, algo menos de compasión y más perspicacia.

A continuación, te ofrezco unas cuantas directrices.

Directrices para el trabajo con los sueños

Observa dónde y cuándo se produce el sueño. A veces es un período claramente marcado en la vida del soñador y otras veces parece fuera de tiempo y de lugar. Piensa siempre metafóricamente, no solo literalmente. Si el sueño ocurre en un colegio, considera que el sueño puede estar reflejando una situación de aprendizaje. El soñador puede estar en el «colegio» aprendiendo cosas sobre un área nueva de la vida.

Observa a lo largo del tiempo ciertos temas que se repiten en los sueños. Durante varios años, tuve sueños de aviones comerciales de pasajeros intentando despegar de concurridas calles urbanas. No había «espacio» para «despegar». Con los sueños puedes poner entre comillas muchas palabras, que indican metáforas. Una vez mi escritura «despegó», dejé de tener sueños sobre aviones. Ahora, al recordar esos sueños, tengo la sensación de que, para que mis ideas y mi trabajo «despeguen», necesito más espacio para mí mismo, menos aglomeración de ideas culturales y de cosas aprendidas de los demás. Es probable que deduzcas, por el estilo de este libro, que todavía me iría bien reflexionar sobre ese sueño y escribir más a partir de mis propias ideas y experiencias que del espacio concurrido de los demás.

Muchas personas tienen problemas con los sueños porque no suelen pensar metafóricamente. Si contemplaran más pinturas o leyeran más poesía, estarían acostumbradas a pensar en múltiples niveles que solo son accesibles a través de la metáfora. Si tienes la costumbre de fijarte en las metáforas, puedes obtener mucha información de los sueños sin recurrir a demasiadas técnicas y teorías.

La primera vez que hablo con alguien sobre los sueños, suelo oír diversas formas sobre cómo le gustaría a esa persona enfocar un sueño para poder sacarle partido y desvelar su misterio. «¿Qué pasa con los sueños lúcidos?», dice siempre alguien. «¿O con el ánima y la sombra en los sueños?» «¿Qué significa soñar con una serpiente?» «¿Son todas las figuras de los sueños partes de mí mismo?»

Todas ellas son buenas preguntas, pero fíjate que todas quieren limitar el sueño en lugar de seguir en presencia del misterio del sueño. A la larga es más eficaz practicar la capacidad negativa de Keats y tolerar la resistencia del sueño a ser interpretado. Conserva el misterio todo lo que puedas, incluso mientras intentas encontrarle algún sentido.

Una de las principales aptitudes que necesitas al trabajar con un sueño es la paciencia. Yo necesito dedicar una hora entera a un sueño. Si al cabo de quince minutos sigo sin tener ni idea de lo que va el sueño, me limito a esperar. A lo largo del tiempo, a través de la exploración y de una conversación abierta que no tenga como único objetivo una interpretación definitiva, el sueño casi siempre se revela a sí mismo. La mayoría de las veces terminarás la hora con una impresión buena y segura de lo que el sueño podría estar diciendo sobre tu cliente.

Los sueños revelan más cosas que las historias de la vida de una persona. Suelen actuar como rayos X, mostrando lo que está bajo la superficie y es invisible a simple vista. Sí, por lo general hablan con metáforas difíciles de entender, pero una vez te asomas a lo que hay tras las imágenes, tienes la sensación de haber abierto los ojos. Ves lo que tú y tu cliente no habéis sido capaces de percibir con todos vuestros esfuerzos mentales.

Empiezas a confiar en el sueño. A menudo, mis clientes más inteligentes y experimentados, muchos de ellos terapeutas a su vez, se van de una sesión diciendo: «No tenía ni idea de que hubiera tantas cosas aguardándome en ese sueño. Simplemente no las veía». A veces se precisa una mirada que no esté nublada por la esperanza y el miedo para contemplar el mensaje del drama nocturno. Mucha gente afirma que es más fácil encontrar el significado del sueño de otra persona que el del suyo propio. ¿Será que el trabajo con los sueños es una de esas actividades humanas que tenemos que hacer con otra persona?

En mis talleres, suelo dedicar una hora cada mañana a comentar uno o dos sueños que haya tenido alguien del grupo la noche anterior. He llegado a confiar en los grupos y valoro lo que pueden ofrecer a un soñador. Creo que yo puedo aportar algunas percepciones técnicas al sueño, pero que cada miembro del grupo tiene respuestas que son únicas y valiosas. Dirijo la discusión sin darle demasiada importancia para que no se analice al soñador. Mantengo el centro de atención situado en las imágenes oníricas y hago notar cuando la respuesta es demasiado simbólica y explicativa. Pido reflexiones, no interpretaciones. La conversación no está encaminada a una conclusión, sino que está siempre sobrevolando el sueño.

Ya sea individualmente o en grupo, lo fundamental es dejar de utilizar la inteligencia hiperactiva para definir el sueño. Tienes que ser receptivo, esperar a que el sueño te muestre su significado, refrenar un poco ese exigente ego intelectual tuyo. Estate más relajado. Deja que el sueño te aporte pensamientos. No lo obligues a revelarse. Es una habilidad especial permitir que los pensamientos adquieran conciencia en lugar de forzarlos mediante el esfuerzo mental.

Como he mencionado al principio, a menudo he pensado que, si pudiera crear mi propio departamento de postgrado de psicoterapia, incluiría mitología, historia del arte, religiones del mundo, poesía y psicología profunda en el programa curricular. Tienes que estudiar y prepararte para lidiar con imágenes, incluidas las imágenes oníricas. Necesitas tener oído para la narrativa, la lírica, la tragedia y el absurdo para captar el significado de los sueños cuando duermes. Si acudes a la consulta así de preparado, puedes observar en los sueños los dramas profundos que se están representando bajo la superficie de una vida corriente. Comprendes las imágenes teatrales, míticas y poéticas que se desplazan del sueño a la vida.

Cómo no interpretar los sueños

La mayoría de las instrucciones para el trabajo con los sueños son demasiado exigentes. Están encaminadas a abrir el sueño en canal y revelar sus secretos en un lenguaje claro.

Podría ser mejor abordar un sueño del modo en que podrías entrar en un templo antiguo: con reverencia y apreciando el misterio. En lugar de explicar el sueño, tal vez podrías doblegarte y dejar que el gran misterio sea pronunciado en una lengua sagrada, un lenguaje al que rendirás devoción y que valorarás.

Una palabra de la antigüedad relacionada con los sueños que algunos siguen usando hoy en día es *incubación*. Esta palabra se utiliza, por supuesto, para las aves sentadas pacientemente sobre los huevos a la espera de que salgan las crías. Qué imagen tan perfecta para tratar los sueños. Siéntate pacientemente con ellos y dales calidez hasta que estén listos para abrirse y revelar de qué van.

Hay quien sugiere «soñar el sueño hacia delante», manteniéndote en el reino de los sueños mientras vas entrando gradualmente en la vida de vigilia. Dibuja, pinta tu sueño o compón una poesía sobre él. Uno de mis clientes siempre pone un título dramático a cada sueño, una forma de aportar una gran imaginación a su encuentro con el sueño. O puedes permanecer en un estado de somnolencia cuando hablas sobre el sueño en lugar de intentar obtener directamente explicaciones y aplicaciones claras.

Un sueño puede resultar beneficioso sin ninguna interpretación. Puede hacer más profundo tu punto de vista y enseñarte a ver metáforas en todas partes, que es como percibir la naturaleza onírica de la vida cotidiana. Puede ayudarte a valorar los elementos del no ego en tu sentido del yo y a comprender que eres una comunidad de personas que viven a la vez en períodos de tiempo muy distintos. Puede convertirte en un poeta de tu vida, que interpreta los acontecimientos cotidianos como harías con un sueño. Te ayuda a comprender que existes en muchos niveles, algunos de ellos misteriosos e insondables.

Deja que el sueño te interprete. Deja que influya en tu modo de pensar y de expresarte. Deja que te permita vislumbrar sus misterios. Deja que te proporcione el lenguaje que debes usar y el significado que debes atesorar. Deja que el sueño te enseñe a ser más soñador, más reflexivo y, en cierto sentido, menos activo. Conviértete en un sacerdote del mundo de los sueños, y no en su conquistador. Permite que el sueño te vuelva menos enérgico y analítico, más poético e imaginativo. Puede que el objetivo último del trabajo con los sueños no sea en absoluto la interpretación, sino la invitación a vivir con mayor plenitud en el reino de los sueños.

Jung comentó una vez que tu trabajo con los sueños no está terminado hasta que no te das cuenta de lo que te está pidiendo. Empleó una frase más fuerte: una exigencia ética. Después de tener el sueño de la cabeza sangrando de mi hija, pensé en su vida actual. Se está embarcando en la exigente carrera de productora musical y de giras de conciertos. La veo estudiando mucho, asistiendo a cursos difíciles y trabajando muchas horas. Incorporé esta imagen a mis reflexiones sobre el sueño y he cambiado un poco mi estilo de hacer terapia. Soy más analítico y cuestiono más las cosas que de costumbre. Me mana sangre de la cabeza y no solo del corazón. También tengo que tener cuidado de no refrenar demasiado mi pasión en mi cabeza. El sueño parece mostrar que pasa algo con la sangre que me brota de la cabeza vendada. Con un sueño, rara vez estás seguro de la interpretación final. Aceptas todas las diversas formas de comprenderlo y dejas que surja una respuesta.

Recorro las cuevas del sueño y los fantasmas se arremolinan a mi alrededor, los recuerdos se precipitan como la lluvia y me veo a mí mismo como en un espejo oscuro.

12

Los complejos

Si has estado alguna vez en presencia de alguien que ha leído más, que ha viajado más o que es más hábil que tú, seguramente sabrás qué se siente cuando un complejo de inferioridad te invade y te provoca un malestar considerable. El complejo se adueña de ti, y te hace sentir y hacer cosas que no son propias de ti. Puedes empezar a parlotear, a poner excusas de por qué no has viajado más. Yo lo hago todo el tiempo. Puedes sentirte poseído. Hagas lo que hagas, no puedes librarte de esa sensación.

Jung situó los complejos en el centro de su psicología, describiendo un complejo como una «psique escindida» o como un fragmento de la psique, muy emotiva y, la cualidad clave, autónoma. Un complejo actúa como una persona que tuvieras dentro que puede apoderarse de ti y hacerte sentir cosas que desearías no sentir. Puede darte también una buena imagen de lo que está pasando en lo más profundo de la psique. Se trata de una pista importante para la terapia. Los complejos no son cosas de las que haya que desprenderse directamente. Son una entrada a la totalidad de la psique, por lo que la terapia les presta una gran atención y los respeta.

Naturalmente, la gente quiere librarse de sus complejos, pero la ruta hacia la libertad atraviesa el complejo en lugar de ir contra él o de rodearlo. Siente tu inferioridad y pregúntate a ti mismo si este complejo te dice lo que necesitas. ¿Necesitas una cura de humildad? ¿Te iría mejor si ese complejo de inferioridad te ofreciera una imagen más precisa de tus capacidades y talentos? Tal vez creas que sumirte en el complejo te hundirá en una baja autoestima, pero es más probable que te proporcione una visión más realista de ti mismo.

El complejo y el arquetipo

Hillman definió el complejo afirmando que está contenido en el caparazón de un patrón arquetípico más profundo. Eso significa que tu sentimiento de inferioridad, por ejemplo, está formado en un nivel por tus experiencias y personalidad, pero bajo lo personal yace una básica sensación humana de no ser perfecto. El nivel arquetípico le aporta una emoción todavía más profunda y, con ella, un significado más penetrante.

Tal vez hayas observado que muchas personas son propensas a sentirse mal consigo mismas por carecer de una aptitud que tiene otra persona. Para hacer terapia de forma lo suficientemente profunda, tienes que llegar al arquetipo. Puedes sentir compasión por tu cliente, porque sabes que sentirse inferior es algo muy humano. No es culpa suya, porque no es personal. La culpa lo mantiene todo a un nivel superficial.

En el siglo XVI, el teólogo y humanista Erasmo de Rotterdam escribió su famoso libro *Elogio de la locura*, en el que mostraba los muchos modos en que resulta útil ser insensato, o incluso, simplemente sentirte insensato. Para empezar, dijo, te baja al nivel del resto de la humanidad, por si sientes que eres demasiado bueno. Este excelente libro explica, detalladamente, el arquetipo del loco y es un ejemplo de tomar lo que podría ser el complejo de cualquiera y revelar su valor paradójico. Erasmo estaba haciendo lo que yo estoy sugiriendo: encontrar lecciones significativas en un síntoma.

A veces los complejos se perciben, tal como dijo Jung, como una voz en tu interior, o una presencia que puede resultar abrumadora. Puedes sentirte como una persona distinta, o poseído. Después de hacer algo embarazoso, puedes decir: «No era yo mismo» o «No ha sido propio de mí hacer eso». Estar «atrapado» en un complejo es estar a merced de su emoción y de su energía compulsiva. No puedes hacer nada para mantenerlo a raya.

Otro ejemplo son los celos, una experiencia humana básica, pero que puede destrozarte especialmente porque no quieres que te consideren una persona celosa. Puede que desees que desaparezcan, pero tienes que aprender algunos secretos clave sobre las relaciones antes de que lo hagan. Un buen terapeuta respeta el poder de este complejo, conocedor de su fuerza arquetípica, aunque también sabe que puede superarse eficazmente con el tiempo. Se desvanecerá como un molesto complejo a medida que se transforme en una verdad básica de las relaciones.

Una lección vital aparece primero como un síntoma: te sientes inferior. Más adelante te das cuenta de que no pasa nada por no ser perfecto o no saberlo todo. Pero esta conciencia profunda puede adquirirse solamente tras varias experiencias del síntoma, de sentirse inferior. Liberarse de un complejo puede llevar años, de modo que la terapeuta tiene que ser paciente y ayudar a su cliente a ser paciente. Tal vez no te des cuenta de que has aprendido profundamente la lección, y cuando no estés mirando, el síntoma desaparezca.

No venzas el síntoma

Como siempre, el propósito no consiste en vencer el complejo, sino en transformarlo poco a poco en una cualidad valiosa. En el caso de los celos, la parte buena podría ser una dependencia eficaz que no te hace daño. Pero podría llevar mucho tiempo transformar los puros celos en una agradable vulnerabilidad. Y es posible que el complejo no desaparezca por completo, sino que permanezca como un motivo de mayor profundización.

Un hombre joven me habló hace poco sobre su complejo de salvador. Vive en San Francisco, por cuyas calles camina casi todos los días. Si lleva dinero en el bolsillo, no puede evitar dárselo todo a la gente que pide limosna en la calle. A veces, para evitar el problema, no lleva dinero encima.

El hombre tiene un complejo de salvador que se le presenta cuando se encuentra con alguien necesitado. No puede dejar de ayudar, aunque sea dándole un dinero que él necesita. Este complejo es especialmente difícil porque sus actos parecen una buena obra. Como ocurre siempre, un terapeuta debe tener cuidado de no quedarse atrapado en la aparente virtud de la conducta. ¿No es siempre bueno dar dinero a los pobres?

¿Qué tendría que hacer el terapeuta de este hombre? No decirle que tiene que cuidar de sí mismo e ignorar a la gente que quiere su dinero. Intentar dominar el complejo solo empeora las cosas. Reprimir el complejo suele parecer favorable, pero en realidad es un ataque heroico a este fragmento de la psique. De todos modos, la simple fuerza de voluntad no puede competir con él. Un complejo puede tener raíces profundamente arraigadas en la psique. No puedes simplemente arrancarlo. En lugar de eso, podrías ver este «problema» como una oportunidad de que la vida de este hombre se expanda.

Podrías pedirle que te cuente detalladamente qué pasa cuando se siente obligado a dar su dinero. Que se limite a describir el problema en términos generales no es suficiente. Necesitas una narración, imágenes, detalles. Cuando oigas la historia completa, tal vez detectes ciertos subtemas que valga la pena señalar y comentar. La pista de un complejo puede ser algo pequeño y fácilmente imperceptible. Es por este motivo que tienes que ser perspicaz y captar pequeñas pistas ocultas a simple vista.

Supón que preguntas a este hombre qué pasa cuando se le acerca un sintecho. Dice: «Siento que soy un privilegiado y que no merezco llevar dinero en el bolsillo». Preguntas de dónde surge esa idea: «De las monjas en el colegio. Ellas me enseñaron que es bueno ser pobre y malo tener dinero». Comentas: «Pero usted no tiene demasiado dinero». «Da igual. En comparación con el hombre que vive en la calle, soy rico.»

De modo que aquí tenemos material para la conversación, y el terapeuta puede profundizar este material dirigiendo con destreza la discusión. Para empezar, la infancia está en juego. El hombre ha mencionado a las monjas del colegio. Y acabamos de comentar el arquetipo del niño bastante a fondo. Puede que este hombre tenga que desarrollar una actitud más adulta hacia el dinero y sustituir esta historia de su infancia por otra más madura. La religión juega también un papel con sus exigencias morales. Estas pueden durar toda una vida. Puede que el hombre necesite también madurar un poco espiritualmente, y que tenga que llevar a cabo una evaluación de los valores que adquirió de las monjas cuando era pequeño. Esto podría ser un proyecto en sí mismo.

De modo que tenemos mucho material para explorar el complejo de dinero de esta persona y su necesidad de ayudar. No existe una solución sencilla, pero las narraciones que podrían surgir, añadidas a uno o dos sueños, tendrían que bastar para hacer avances con el síntoma. Un complejo no se hincha y sale volando, sino que se aclara, mostrando lo que hay en su interior y ofreciéndote material con el que trabajar.

¿De dónde vienen los complejos?

En el ejemplo de la generosidad desenfrenada, el síntoma está relacionado con la religión o la espiritualidad, que, a menudo, exhortan a la gente a ser generosa en exceso. Si recuerdas nuestra discusión sobre la contratransferencia, tú, el terapeuta, deberías prestar atención a tu actitud hacia este síntoma. Puedes estar pensando *Yo tengo el mismo problema.* O: *Yo no tengo ningún problema en ignorar a los sintecho. ¿Por qué no puede ser él así?* Es probable que cualquiera de estas dos actitudes sea tu respuesta inconsciente al problema de tu amigo, tu propio complejo relacionado con el dinero y la generosidad. En ese caso, tenemos complejos en conflicto, y eso supone un problema añadido.

Sin embargo, Jung señala que, si un terapeuta no puede manejar su propio complejo, no será eficaz a la hora de abordar el de otra persona. De modo que otra respuesta interesante sería concentrarte en tus propios problemas relacionados con dar dinero. Como el dinero casi siempre tiene un complejo vinculado con él, podrías centrar parte de tu atención en tus propios problemas. Eso te aproximaría al problema de tu cliente de forma que puedas comprender y maniobrar. Naturalmente, tienes que tener cuidado de no confundir las cuestiones que son delicadas para ti con las que lo son para tu cliente, pero eso es algo que tienes que hacer siempre.

También podrías preguntar por un sueño reciente, lo que podría darte una pista sobre las raíces del complejo de tu amigo. En los sueños estas pistas pueden no estar relacionadas de forma evidente con el problema. Imaginemos que el hombre sueña que un niño le pide una galleta y él dice: «No, el azúcar no es bueno para ti». En cierto sentido, este sueño podría ser un comentario sobre el problema del hombre con los mendigos. El sueño sugiere que el hombre quizá no sea tan generoso como piensa.

Recuerda que un complejo nos indica lo que el alma necesita y señala una solución. Este complejo de «generosidad» podría señalar el potencial de esta persona para ser más generosa. La respuesta automática al complejo es corregirlo: ayudar al hombre a dejar de dar su dinero. Un enfoque más sutil y más acertado consiste en preguntarse cómo podría ser más generoso, de una forma que no lo perjudique. El complejo insinúa que, en realidad, no es generoso en la calle. Está actuando compulsivamente, en contra de su voluntad. Podría enfrentarse a esta falta inconsciente de generosidad y plantear formas de dar a los demás de buen grado y con sinceridad. Podría «tender más la mano» a las personas necesitadas.

A medida que un complejo se convierte en una fortaleza psicológica, el lenguaje que lo rodea puede ir cambiando. En el caso de celos graves, por ejemplo, al principio tienes miedo de perder a alguien a quien amas. Es probable que no se trate, simplemente, de la persona por la que te preocupas, sino de toda la experiencia de la intimidad. Tienes la impresión de que tu existencia misma depende de la relación, y los celos muestran que tus cimientos están amenazados. No se trata solamente de la relación, sino también de sentirse vivo y tener una fuente de significado. Esta es una razón por la que te hacen sentir tan desesperado y débil.

Cuando finalmente los celos cesan o disminuyen, en su lugar no habrá exactamente algo nuevo, sino una versión madurada de los celos. Habrás aprendido que puedes ser vulnerable y confiado sin que tu existencia se vea amenazada. Los celos se transforman en una vulnerabilidad madura y agradable. Ninguno de nosotros puede asegurar que alguien a quien amamos vaya a estar siempre con nosotros. Los celos y el amor seguro son opuestos, y uno se transforma en el otro. Puedes aprender que no puedes esperar que nadie te salve de tu soledad básica en la vida. Tu complejo puede llevarte con el tiempo a una forma menos neurótica de relacionarte.

Como complejo, lo constituyen los celos; como resolución, es la capacidad de ser vulnerable y de conceder al otro la libertad de elegirte. Los celos son profundamente desestabilizadores, pero son una oportunidad de llegar a ser más maduro con respecto al amor.

Un complejo puede ser beneficioso

Como ya he mencionado, un complejo puede ser contagioso. Una clienta te habla sobre sus celos y eso te recuerda tu tendencia a ser celoso. Pueden aflorar en ti recuerdos y viejas emociones. Se trata de una forma de contratransferencia, pero con un ligero giro. Te identificas con tu clienta y tienes que enfrentarte a tus propias emociones difíciles. Evidentemente, esto es material para tu propia terapia o supervisión.

La práctica de los terapeutas de comentar sus casos con un supervisor psicológico es una idea brillante. Ojalá las personas de otros campos tuvieran semejante oportunidad: agentes de policía, líderes empresariales, políticos, médicos. Es un ejemplo de una de las reglas básicas de la vida: nos necesitamos unos a otros. A menudo necesitamos a otra persona porque no podemos hacer determinada tarea solos. Este es, sin duda, el caso al observar dónde y cuándo nuestros complejos aparecen e interfieren en nuestro trabajo.

El principal problema con un complejo es que está aislado de otros elementos de la psique que lo refrenarían y modificarían. Como dijo Jung, es como un yo escindido que usa tu cuerpo y tu vida para conseguir lo que quiere. Al ser algo independiente, el complejo amasa tanto poder que puede que no seas capaz de controlarlo. Tienes que reconocerlo tal como es y reducirlo. Pero intentar librarte de él no funciona. Tienes que realizar actuaciones indirectas que le permitan transformarse y madurar.

A veces un complejo puede serte útil. Jung (1966) escribió: «Un complejo no significa en sí mismo una neurosis, porque los complejos son los focos (las ubicaciones) normales de los acontecimientos psíquicos, y el hecho de que resulten dolorosos no es ninguna prueba de alteración patológica. El sufrimiento no es ninguna enfermedad; es el polo opuesto normal a la felicidad. Un complejo se convierte en patológico solamente cuando pensamos que no lo tenemos» (pp. 78-79).

En varias ocasiones he preguntado a un grupo de enfermeras cuántas de ellas tenían complejo de madre. La mayoría afirmaba tenerlo. Habían convertido su complejo maternal en una profesión dedicada a la atención médica. Aun así, por supuesto, su complejo puede desaparecer a veces; y para algunas de ellas ser demasiado maternales puede seguir constituyendo un problema. Pero la regla sigue siendo válida: tu complejo puede serte útil si encuentras la salida adecuada. De este modo, también puedes atenuarlo, haciendo que sea menos autónomo. No puedes realizar esta conversión a la perfección, pero la tarea no consiste en erradicar un complejo. Puedes volverlo más humano y facilitar su encaje en la totalidad de tu vida.

Jung describió un complejo como una parte escindida de la psique y procedió a sugerir integrarlo en ella. Oigo hablar a la gente de integrar un complejo como si fuera un trabajo que puede hacerse una tarde de sábado. Parece fácil. Pero Jung lo presentó sistemáticamente como un procedimiento complicado, muy emocional. Afirmaba que, si bien anteriormente encontrabas lo complejo en el mundo, una vez lo integras, puede que tengas que abordarlo en tu interior. Nuestro cliente puede dejar de dar dinero con demasiada generosidad y creer entonces que tiene que ayudar a todos los necesitados. Puede hacerse terapeuta y tener una necesidad imperiosa de ayudar a sus clientes. Puedes modificar un complejo sin satisfacer su esencia, y seguir entonces estando a su merced.

El complejo es tan profundo y grave que tienes que dedi-carte a su transformación. A menudo oigo decir a mis clientes que están sorprendidos por lo profunda que es la terapia y lo fundamental que es la forma en que tienen que reorientar su vida. Por supuesto, nadie cambia esencial o completamente, pero un complejo puede estar tan intrínsicamente arraigado que solo lo afectará un cambio significativo. Desde cierto punto de vista, la terapia es una práctica religiosa, porque toca la esencia de quién eres. No solo adaptas tus emociones, haces lo que puedes para influir en tu mismo ser.

Imagino a nuestro cliente, que no puede evitar dar su dinero, descubriendo al final que tiene vocación de servir a la humanidad, y su complejo lo conduce a una forma extraor-dinaria de vida: dar generosamente al mundo, de modo que su pequeño complejo se hace realidad a lo grande. A veces un complejo que se muestra a sí mismo como un problema de personalidad desemboca en una dedicación espiritual que tiene un alcance mucho mayor. La solución es agrandar y perfeccionar un pequeño problema personal para convertirlo en una importante contribución a la sociedad.

> **A veces un complejo, una persona del alma,
> estará a tu lado como otro tú que es
> bastante distinto.
> O estará en tu interior, ruidoso y exigente,
> necesitando un hogar.**

13

¿Cuánto deberías implicarte?

En 1935, Jung dio una serie de conferencias en Londres, en la Tavistock Clinic. El público estaba compuesto por personal médico, psiquiatras y artistas. El escritor irlandés Samuel Beckett acudió con el renombrado psicoanalista W. R. Bion, que era su analista por aquella época. Jung dio cinco conferencias, y en la última habló con rotundidad sobre la contratransferencia. Esto es lo que Jung (1976) dijo sobre los pacientes: «Siempre encuentran este punto vulnerable en el analista, y este puede estar seguro de que, siempre que le pasa algo, será exactamente en ese lugar en el que carece de defensa. Ese es el lugar donde él es inconsciente y donde es capaz de hacer exactamente las mismas proyecciones que el paciente. Entonces se produce la participación, o, dicho de modo más exacto, una contaminación personal a través de la inconsciencia mutua» (p. 141).

Esto lo dijo evidentemente un analista experimentado con una pizca de amargura quizá. A partir de lo que Jung tenía que decir sobre la transferencia, tienes la impresión de que luchó muchas veces con ella, y sabemos que su vida profesional y su vida personal se entremezclaban a menudo. Utilizaba con frecuencia la palabra *participación* para referirse a la pérdida de conciencia y de la distancia necesaria, y al hecho de sucumbir a una pasión ciega, ya fuera amor u odio, aunque por lo general era amor. En la transferencia eres un participante en un melodrama, y no sabes de qué va exactamente o cómo salir de él.

De modo que sí, los terapeutas tienen que ser muy cautos para no quedar atrapados en los complejos de sus clientes. Un complejo que suelo ver en la vida cotidiana es la necesidad imperiosa de ser madre o padre. Hace poco, casi me corté el dedo cuando picaba verduras. Dos personas que estaban cerca no pudieron dejar de preguntarme si estaba bien y me ofrecieron toda clase de remedios. *Casi* me corté el dedo, y los complejos aparecieron a toda velocidad. Al parecer, otras personas presentes no tenían este complejo y siguieron con lo suyo.

Muchas personas se sentirían tentadas a sentir una necesidad parecida cuando parece que un amigo está preocupado y afligido. Puede que tu necesidad de ayudar sea mayor que la necesidad de tu amigo de recibir ayuda. Puedes intervenir, pero conoce tus complejos. Comprende que puedes tener tendencia a exagerar la actitud empática. Eso no significa que no debas ayudar, sino solamente que tienes que tener cuidado con tu complejo.

Vivimos cada momento con y a través de nuestros complejos, ciertas necesidades y anhelos poderosos que parecen más personas interiores que sentimientos. No puedes estar sin ellos, y ellos te permiten llevar una vida productiva y dedicada. Pero se te escapan fácilmente de las manos y quedan fuera de tu control. Las emociones de un complejo son tus reacciones a hechos multiplicadas por mil. Ya no los estás dirigiendo ni permitiéndoles ser una parte esencial de quién eres. Un complejo puede convertirse en un diabólico señor Hyde para tu dulce doctor Jekyll.

Miedo a implicarse

Este es un lado de la cuestión, el peligro de quedar atrapado en un complejo, que he tratado con cierto detalle en la discusión sobre la transferencia. El otro lado es el miedo a implicarse. En círculos terapéuticos se genera una ansiedad, igualmente perjudicial, por intimar con tu cliente o tu amigo. La teoría parece ser: si guardo la distancia con mi cliente, no tendré una relación inapropiada y seré capaz de decir lo que hay que decir sin miedo a ofenderlo.

Pero aquí entra en funcionamiento una conocida dinámica que pone en cuestión este enfoque. Si evitas activamente cualquier intimidad con tu cliente, es posible que envíes esa energía hacia tu inconsciente y la obligues a irrumpir como un gran problema. Es posible que, en realidad, las reglas dadas a los terapeutas para que eviten el contacto aumenten la posibilidad de una atracción extrafuerte y de una conducta problemática. Quienes quieren mantener la castidad de la terapia deberían promover una intimidad consciente y, de esa forma más directa, evitar los problemas eróticos que surgen a veces. Al convertir al eros en un crimen, es probable que también lo estén haciendo más atractivo.

Pensándolo bien, creo que lo que a mí me ha ayudado son dos actitudes básicas con respecto al trabajo. En primer lugar, amo el alma de la persona con la que estoy trabajando. Incluso si es muy diferente a mí o si no me gusta o desapruebo su comportamiento, sigo amando su alma. Por lo general, no necesito ni quiero tener una relación personal. En segundo lugar, siempre procuro normalizar el contexto de la terapia. No hago que la situación sea valiosa ni que esté rodeada de reglas rígidas ni conscientemente separada de la vida corriente. Procuro ser simplemente quien soy. Estoy abierto a la amistad con las personas que acuden a mí. Esto es simplemente ser humano. Y creo que estas dos actitudes, el amor al alma y a la normalidad, me han ayudado más que ninguna otra cosa a mantener unos límites adecuados.

Bueno, una vez expuestos estos dos principios, añadiré una tercera sugerencia, relacionada con la primera. Me fascina trabajar con el alma. Me apasiona y consume la mayor parte de todos mis pensamientos de vigilia. Trabajo con el alma a tiempo completo, y esa dedicación desdibuja cualquier otra atracción, especialmente las que podrían tener un impacto negativo en el trabajo. Este enfoque, creo, me mantiene alejado de cualquier personalización que solo se interpondría en el camino.

La terapia implica conversaciones íntimas, que podrían dar lugar a una intimidad problemática. Es fácil confundir el amor terapéutico con un amor personal. Yo pienso en el amor terapéutico como en el ágape, la clase de amor que enseñaron Jesús y Buda, una valoración elevada de la otra persona como ser humano y una conexión sincera.

No estoy diciendo que el eros no tenga sitio en la terapia. La atracción puede dotar a la actividad terapéutica de dinamismo y de tenacidad. Pero si desemboca en una expresión sexual, el recipiente libre y despejado puede romperse, o por lo menos, resquebrajarse. No quiero ser moralista sobre esta cuestión. Como he dicho antes, estoy seguro de que existen situaciones en las que la expresión sexual podría ser compatible con la terapia. Pero eso sería extraño. Yo sugiero obtener un gran placer de trabajar íntimamente con el alma de otra persona.

Afrodita como diosa de la terapia

Una vez más, evocaré a Afrodita, la diosa griega de la sexualidad, la sensualidad, la belleza de la naturaleza y, especialmente, el mar, los jardines y el apareamiento. El espíritu que encarna esta diosa mitológica está totalmente presente hoy en día en todas estas áreas. Sin duda, puedes percibir el ambiente especial al entrar en un exuberante jardín en verano o al encontrarte en presencia de una persona sumamente atractiva. Ese ambiente, experimentado tanto interna como externamente, es lo que los griegos intentaron capturar en sus historias, rituales e imágenes de Afrodita, y nosotros todavía podemos sentir su presencia, aunque normalmente no utilicemos su nombre ni practiquemos sus antiguos rituales.

Uno de los grandes problemas de nuestra época es desatender a esta diosa concreta. Curiosamente, los griegos solían advertirte que, si desatendías a alguna deidad, pero especialmente a esta, ella buscaría vengarse y poner las cosas en su sitio. El modo en que Afrodita responde a la desatención consiste en provocar un deseo intenso y a menudo problemático de amar y tener un romance.

Como desatendemos las exigencias de las pasiones de Afrodita, sufrimos su venganza en forma de una preocupación extrema por el sexo y un interés compulsivo por la pornografía y el amor extraconyugal. La tememos y no podemos encajarla en el modo en que pensamos habitualmente sobre la vida, por lo que sufrimos su venganza. También somos testigos de nuestra dificultad para honrarla en una pérdida cultural de elegancia y belleza. Esto es aplicable también a la institución de la psicoterapia. Rodeamos a los terapeutas de exigencias de pureza sexual, cuando podríamos, en cambio, hacer todo lo posible para lograr que la profesión fuera sumamente empática, y quienes están en ella, personas hermosas llenas de gentileza y bondad amorosa.

Afrodita podría ser el espíritu que nos incita a implicarnos más con nuestros clientes, en lugar de mantener una distancia protectora. Al avanzar hacia una conexión más positiva con ellos, podemos esquivar la confusión sexual y la incertidumbre sobre la naturaleza de la relación. Ceder un lugar a Afrodita en la terapia podría contribuir a definir el amor terapéutico, que es su propia clase de intimidad. No tiende hacia la expresión sexual, sino que, al contrario, no quiere que nada obstaculice el trabajo terapéutico. Valora tanto a la persona abierta a hacer el trabajo, y el trabajo con el alma en sí, que la complacencia personal en el eros no resulta tan tentadora.

Próximo y distante

La relación terapéutica, formal o informal, tiene dos dimensiones importantes. Una es la voluntad de estar cerca de otra persona mientras esta explora algunas emociones y enredos que le suponen un reto y que quizá le resultan dolorosos. Incluso cuando te pagan por tus servicios, es un acto de generosidad. El principal instrumento de tu trabajo es tu propio ser. Al establecer y hacer más profunda una relación, asumiendo cierta responsabilidad por lo que sucede, estás ofreciendo a la persona la oportunidad de avanzar más hacia la vida y, esperas, aliviar su dolor. Trabajas estando conectado con esa persona, mostrándole lo que Carl Rogers denominaba estimación positiva incondicional.

La otra dimensión es una cierta distancia que te permite reflexionar sobre las historias que cuenta tu cliente. Él está demasiado cerca de los hechos para ver claramente lo que sucede, o tal vez no comprenda del todo bien cómo funciona la vida. La terapia implica educación además de clarificación emocional. Es difícil lidiar con una situación humana que supone un reto si no sabes realmente, a un nivel significativo, qué está pasando. Normalmente un terapeuta tiene un punto de vista más sofisticado y más objetivo.

Pero la proximidad y la distancia son importantes, y puede ser mejor encontrar formas de tener ambas cosas en lugar de encontrar un camino intermedio entre las dos. En general, no soy partidario del equilibrio. La vida rara vez está equilibrada, y cuando lo está, es solo intelectualmente. Yo prefiero pensar en un terapeuta como en alguien que a veces está implicadísimo y a veces, quizá la mayor parte del tiempo, mantiene la distancia suficiente para ver qué está pasando. En las mejores circunstancias, puedes hacer ambas cosas a la vez.

A menudo me encuentro expresando mi empatía, lo mucho que comprendo el dolor y la confusión y, a renglón seguido, intento aclarar las cuestiones. Emocionalmente actúo del mismo modo: una implicación profunda y cierta distancia. En conjunto, quiero formar parte de la vida de esta persona, ser alguien a quien puede acudir de vez en cuando para recibir apoyo, y también el terapeuta que no está sufriendo el problema y puede tener algo que ofrecer desde cierta distancia.

El Ángel Terapéutico

Vuelvo a la idea de que el verdadero terapeuta es el Ángel Terapéutico, el terapeuta arquetípico, a quien evoco a través de mi educación, experiencia y forma estudiada de llevar a cabo una sesión terapéutica. Para ser el mago que lleva al terapeuta arquetípico a la sala de consulta, necesito mantener cierta distancia con la persona a mi cuidado. Si estoy demasiado implicado, no puedo ponerme mis vestiduras rituales, metafóricamente hablando, e invitar al Terapeuta. El ambiente personalista de una relación demasiado íntima no deja sitio a este ángel.

Fuera de este intenso lugar ritual de la terapia, sigo con mi vida, encontrando toda la alegría y sentido que puedo, sabedor de que mi independencia y mi felicidad personal me convierten en un mejor terapeuta. Pero, de vez en cuando, en mi tiempo libre, puedo pensar en un cliente e incluso apuntar algunas notas o escribir un breve correo electrónico. Mantengo unos límites bastante laxos entre mi vida y mi trabajo. De vez en cuando la situación exige límites más marcados y procuro mantenerlos con amor.

Me cuido de distinguir una amistad terapéutica de una amistad personal. Puedo sentir una verdadera amistad con un cliente, pero normalmente no pasa a ser una amistad personal fuera del recipiente terapéutico. De vez en cuando un amigo personal requiere de mí una conversación terapéutica, y la tengo con él, encontrando formas simples de mantener los límites.

A veces un cliente se convierte en un amigo. Este suele ser el caso, y entonces mantenemos también separadas las dos formas de amistad. Me gusta entrar en la sala de terapia con un amigo, que se transforma entonces tranquila pero claramente en un cliente. El escenario y el momento de la terapia contribuyen a mantener la distancia entre las dos relaciones.

Como terapeuta eres a la vez un chamán y un vecino, y puedes interpretar cómodamente los dos papeles al mismo tiempo. Tal vez sea necesario algo de imaginación, pero para eso están tu educación y tu formación. No quieres estar implicado sexual o románticamente con un cliente, pero sí quieres estar terapéuticamente implicado.

Si estás dedicado al alma y a tu trabajo como cuidador del alma, no deberías sentirte tentado de desviarte de ese papel. Hacer ese trabajo requiere todo tu ser, y no quieres que nada interfiera en él. Cuando era monje, llevaba una vida de celibato, y siempre he creído que una vida así era posible para mí, incluso a los veintipocos años, gracias a la intensidad de la vida comunitaria que experimentaba a diario. Ocurre algo parecido con la terapia. La alegría profunda e íntima del trabajo con el alma no deja sitio a ninguna necesidad sexual o romántica personal. El trabajo del cuidado intenso del alma mantiene mi corazón lleno y ocupado.

No te preocupes por tu proximidad con otra persona, pero conoce tu necesidad y tu anhelo para que la proximidad no degenere en posesión y ataduras o en dar rienda suelta a tus emociones, que han permanecido cautivas, porque no has sabido tener proximidad con otra persona.

CUARTA PARTE
LA TERAPIA
EN EL MUNDO

Como el fuego del hogar de Vesta, que es de leña, las personas precisan una cuidadosa atención y no tienen nada de espectacular, solo un brillo cálido; pequeños proyectos y actividades comunitarias, que generan por su cuenta; estilos de vida heterogéneos, que se comunican cómodamente entre sí; cafés de barrio, lugares donde pueden sentarse, legítimamente ociosas, estar a la vista y ver pasar el mundo... ritos de suma importancia, confiados a las vírgenes vestales.

Robert Sardello (1982, p. 104)

Puede haber terapia en situaciones cotidianas que no tienen aspecto de terapia: educación, parentalidad y simplemente amistad. En el trabajo y en los negocios, las personas se suelen consolar y animar entre sí. El alma puede encontrarse en medio de la vida, y donde está el alma, también está la psicoterapia.

14

Cuidar del alma del mundo

No puedes seguir los dictados de la cultura neurótica, aceptarla plenamente, y, al mismo tiempo, vivir una vida con alma. No puedes encontrar la felicidad si estás rodeado de cosas infelices y no puedes esperar que tus problemas emocionales se resuelvan si tu alma está enferma, y el alma del mundo, también. Si eres terapeuta, no puedes ver el planeta sufriendo por culpa de la contaminación y no hacer nada.

Lo que quiero decir es que todos podemos encontrar formas de ser terapeutas del mundo. Mi mujer es una artista que llega a todo el mundo, consciente de la belleza de la diversidad cultural. Mi hija canta de modo idealista con la intención consciente de ayudar a los jóvenes a evitar las adicciones habituales. Mi hijastro ejerce la arquitectura de una forma que ayudará a las comunidades a prosperar. Mi padre era un fontanero que enseñaba a sus alumnos a montar elegantes sistemas de tuberías, soldados hábilmente, para que el agua circulara sin problemas por los edificios y los hogares. También les enseñaba el valor del carácter y la responsabilidad para que pudieran hacer bien su trabajo. Estos son tan solo unos cuantos de los miembros de mi familia, y cada uno de ellos es o fue terapeuta del mundo. Imagina cuántas personas hay por ahí desempeñándose como terapeutas informales.

La gente bromea sobre que los bármanes y las peluqueras escuchan sus penas, pero esta es realmente una forma de terapia, aunque bastante informal y muy alejada de un formato profesional. Una vez captas esta idea de la terapia informal en el mundo, cuesta imaginar un trabajo que no tenga cierto potencial terapéutico. Así pues, no solo abogo por la terapia para el mundo, sino también por la terapia en el mundo.

Los objetos son sujetos

Soy oriundo de Detroit, Michigan, una ciudad que, especialmente cuando yo crecí, era conocida como «Ciudad del Motor», por la concentración de fabricantes de automóviles. Siempre me han interesado los coches, pero hoy en día me interesan los coches que aparecen en los sueños. El hecho de que los coches aparezcan con frecuencia en los sueños muestra que están relacionados con el alma. En un sueño, el coche puede sugerir que te llevan a alguna parte si no estás en el asiento del conductor, o que estás al mando, si lo estás. Hay otras posibilidades, como relacionar un coche de un año y un modelo determinados con un período de tu vida. Cuando la gente habla sobre coches, piensa a veces de esta forma. Alguien podría decir: «Oh, sí. Ese fue el año que yo tenía un viejo escarabajo. No fue un buen año».

En cierto sentido, un coche dispone de alma. Lo sabes por el cariño que la gente tiene a ciertos automóviles. El cuidado del alma del automóvil podría dar lugar a una forma más humana de comprarlos y venderlos, haciéndolo de un modo que estuviera en verdadera armonía con otros importantes valores sociales como las preocupaciones medioambientales y hacer que sean económicamente accesibles a más personas. Fabricarlos bonitos, agradables y decorarlos podría imbuirles también algo de alma. Es probable que una mayor potencia no sea un modo de acercarse al alma del automóvil, pero puede explicar su energía. Estoy deseando que llegue el día en que una gran empresa automovilística contrate a un psicoterapeuta sensible al alma del mundo para ayudar en el diseño de los coches.

El alma puede beneficiarse de un diseño que se haga eco del mundo natural, que sea rico en detalles y colorido. Fíjate en cómo los ordenadores, tan concentrados en la información y el intelecto, tienden a ser de líneas duras, lisos y de colores sosos. He sugerido que recuperemos una sensibilidad del siglo XIX y les pongamos pies de pájaro en la base o los pintemos con escenas de bosques. En mi escritorio tengo una alfombrilla de ratón con ilustraciones de William Morris para contribuir a mantener la naturaleza y el alma vinculadas a mi ordenador. Aprecio la pureza de las líneas modernas y los colores de moda, pero me gustaría ver que la sensibilidad de Morris y Edward Burne-Jones regresa a la belleza de las cosas cotidianas. Morris, que era, desde luego, un terapeuta del mundo, escribió: «No tengas nada en casa que no sepas que es útil, o creas que es bonito». Edward Burne-Jones era más romántico todavía: «Con un cuadro quiero plasmar un sueño hermoso y romántico de algo que nunca fue, que nunca será, con una luz mejor que ninguna luz que haya brillado jamás, en una tierra que nadie puede definir, ni recordar, solo desear...».

Diseño terapéutico

Nosotros estamos en la psique; la psique no está en nosotros. El modo en que ordenamos y damos forma a nuestro mundo influye profundamente en cómo alimentamos o privamos de alimento a nuestra alma en la vida cotidiana. Cuando ponemos una alfombrilla de ratón con ilustraciones preciosas en nuestro escritorio, estamos invitando al alma a nuestra vida cotidiana. Es un pequeño gesto, aparentemente físico y de poca importancia. En nuestra casa, cuando queremos envolver un regalo, no vamos a la tienda. Utilizamos una hoja de suave papel japonés cubierto de la caligrafía que mi mujer ha estado practicando. De repente, el regalo parece no tener precio. Si hacemos muchos gestos de este tipo a favor de la belleza inspirada en la naturaleza, estamos accediendo al alma de las cosas.

Hacer que el mundo tenga alma es también un acto terapéutico. Estamos cuidando del mundo de una forma que aumenta su belleza y su profundidad, le confiere personalidad, elimina la objetividad dura y superficial que tan característica es de nuestros días, y recupera una relación de valoración y de intimidad con las cosas que no son tanto posesiones nuestras como amigas nuestras. Los diseñadores y los arquitectos disponen de una oportunidad especial de devolver el alma a un mundo que lo necesita muchísimo. Estoy deseando que se produzca un cambio importante de los gustos, de modo que se alejen del cristal y el acero duros hacia un diseño suave, elaborado y ecológico. Ya he comentado antes que la amistad puede ser el principio o la base a partir de la cual nos relacionemos en general con las personas, incluso en encuentros breves y comerciales. Lo mismo podría decirse de las cosas. Podríamos sentirnos emocionalmente próximos a ellas y mantener vivo el ideal de la amistad. Cuando tratamos mal las cosas corremos el riesgo de perder el alma, lo que trae aparejado las consecuencias y problemas relacionados. Tal vez resulte extraño decirlo, pero cuando nos sentimos deprimidos o ansiosos, quizá se deba a que los objetos de nuestro entorno están sufriendo, y percibimos su angustia. Podríamos corregir esa importante relación mediante lo que puede parecer un tipo extraño de terapia, cuidar de las cosas y hacernos amigos de ellas.

Al principio de mi carrera, se me relacionaba a veces con Martha Stewart, la popular gurú del estilo de vida doméstica. Las referencias solían ser entonces despectivas, y ya me imagino a ciertos críticos gimiendo ante mi sugerencia de hacernos amigos de las cosas. Pero hablo en serio y lo digo con precisión filosófica. A lo largo de la historia, como he dicho, ha habido escritores que definían y exploraban el alma que han escrito sobre la amistad como la actividad distintiva del alma. La amistad es una clase especial de amor que nos permite sentirnos próximos a personas y cosas de un modo que no es tan romántico. Se basa en una conexión profunda y mutua mientras seguimos adelante con nuestra vida. En cualquier caso, prefiero que me relacionen con Martha Stewart que con psicólogos objetualizadores.

Cuidar del alma del mundo significa, antes que nada, fabricar las cosas con una gran sensibilidad ética, hacerlas funcionar bien y que sean hermosas, usar el corazón y la imaginación al máximo, y otorgarles toda la individualidad que sea posible. Estas cualidades son todos los aspectos del alma.

También podríamos crear objetos con los que podamos relacionarnos fácilmente e incluso amar. Steve Jobs, fundador de Apple Computer, afirmó: «Si eres carpintero y estás haciendo una bonita cómoda, no vas a emplear madera contrachapada en la parte trasera, aunque esté contra la pared y nadie vaya a verla». No puedes simplificar ni cuidar poco los detalles si quieres que tu objeto tenga alma.

Una vez una cosa está hecha, no la trates como una esclava. Si vas a venderla, pide un precio justo por ella, no engañes ni estafes al comprador, y expón sus cualidades con honestidad. El alma precisa elevados estándares morales. Imagina que la publicidad nos presentara honradamente las cosas para que las consideráramos y que pudiéramos creer lo que dice y tomárnoslo muy en serio. Tendríamos una relación mejor con las cosas desde el principio. Tal vez tendríamos que llevar nuestro equipo de terapeutas que abogan en pro del alma a la Avenida Madison, la calle neoyorquina de la publicidad. No espero que el mercado realice una conversión total a la moralidad, pero cualquier movimiento en esa dirección sería saludable, en términos emocionales, para la sociedad.

Como terapeuta del mundo, conservas las cosas en buen estado y con buen aspecto. Pintas cuando es necesario, sustituyes piezas y las mantienes vivas durante una cantidad decente de tiempo. Si realmente amas una cosa, no quieres que se muera prematuramente. También necesitamos tener cerca viejas cosas amigas, igual que nos pasa con personas ancianas, para que nos aporten toda la gama de la experiencia.

Hacer a mano

A menudo creamos un mundo en que las cosas son baratas, feas, solo funcionales y que se desgastan rápidamente. Vivimos entonces en esta clase de mundo y asumimos sus cualidades. Un buen artesano, un creador de cosas modélico, se toma tiempo al hacerlas, presta atención a los detalles, quiere hacer un objeto hermoso y ama las cosas que crea y las cosas que otros buenos creadores crean. Esperar un mundo donde las cosas se hacen a mano es demasiado, pero hasta las cosas hechas a máquina pueden estar diseñadas para ser hermosas y adecuadas para el uso humano.

La palabra *manufactura* significa «hecho a mano». Las cosas hechas a mano, en las que la creación es lo bastante personal como para que confieras alma a la cosa hecha, puede ser el modelo de todas las cosas manufacturadas. Haz que la mano participe en el proceso, por lo menos metafóricamente. El mito de Pigmalión tal como se cuenta en la *Metamorfosis* de Ovidio habla sobre este asunto con perspicacia. El escultor crea una hermosa mujer a partir de mármol y desea poder encontrar una mujer real como ella. Hace una ofrenda al altar de Afrodita. Cuando regresa a casa, besa el rostro de piedra y nota sus labios calientes. En algunas pinturas, se muestra a Afrodita colocando con cuidado una mariposa en la cabeza de la estatua para dotarla de alma. Es una buena imagen de lo que nosotros podríamos hacer: honrar a Afrodita, el espíritu arquetípico de la belleza y la sensualidad. Podríamos acogerla de vuelta haciendo que nuestras cosas sean hermosas, llenas de vida y adorables. Podríamos perfectamente infundir vida a los objetos que usamos.

En una casa las cosas pasan a ser verdaderos miembros de la familia. Cuando te mudas, algunas cosas tienen que trasladarse contigo. Si te sientes presionado a separarte de cosas que han formado íntimamente parte de tu vida, es normal que te sientas triste y te resulte difícil dejarlas atrás.

Esa sensación de pérdida te hace humano y demuestra que tú y las cosas de tu vida tenéis alma.

**Puedes percibir el alma en las cosas
si te detienes a mirar y sentir, y dejar que
las cosas simplemente sean, revelando su pasado
y su personalidad.**

15

Terapia en el trabajo

Los antiguos alquimistas llevaban a cabo un proceso que nosotros denominamos «oculto» pero que, para ellos, era un trabajo noble y esencial para toda la vida. Buscaban un gran elixir, la piedra filosofal y la cola de pavo real, imágenes, todas ellas, de un perfeccionamiento de los materiales naturales mediante la destreza técnica y la imaginación humanas para hacer medicina y descubrir los secretos tanto del alma como del espíritu. Eran como los astrólogos en su utilización de los materiales naturales, sustancias químicas y elementos físicos en general, en tanto que imágenes de los materiales y el funcionamiento de la vida humana.

Cuando descubrió la alquimia, Jung supo que poseía el tesoro oculto de la psicología. No convirtió una práctica física en una práctica psicológica. Uno de sus mayores logros fue desarrollar la psicología alquímica, una forma de profundizar en la psique gracias a un conjunto exhaustivo de metáforas.

Los alquimistas llamaban al «trabajo» con la psique *opus*, la palabra latina que significa «obra», a la que el alquimista dedicaba su vida. Las muchas experiencias por las que pasamos en la vida pueden crear una existencia con alma, y el trabajo más profundo de nuestra vida es el *Opus*, la creación de un yo realizado y una vida con sentido. Nuestra carrera, nuestros trabajos y nuestros esfuerzos profesionales forman parte del *Opus*. Una carrera y el Gran Trabajo de crear alma son reflejo uno de otro.

Podemos pensar en el trabajo como en un medio de ganarnos la vida, pero también puede ser la forma de dar sentido a nuestra vida. Nuestro trabajo puede conservar ciertas aptitudes y ciertos valores de nuestros progenitores y antepasados, y también, metafóricamente, expresar el camino que estamos siguiendo para sentirnos realizados. El trabajo puede expresar también nuestra visión y los valores que consideramos importantes. Dicho de otro modo, el trabajo de una vida y el *Opus* coinciden, y el *opus* del alma resuena en las profundidades de nuestro trabajo diario.

A menudo la gente pasa por alto la importancia del trabajo en su vida emocional y sus relaciones. Sin embargo, el trabajo que hacemos es en lo primero en lo que la mayoría de personas pensamos cuando alguien nos pregunta por nuestra vida. El trabajo, la carrera y el servicio tienen todo que ver con encontrar un sentido y un propósito. No tiene sentido ignorarlo en la terapia.

Si hay problemas en juego, es probable que salpiquen otras áreas de la vida. Tengo una clienta que está casada con un médico. De hecho, está casada con el trabajo de su marido, porque es a él al que su marido dedica la mayor parte de su tiempo y de su atención. El trabajo es el tercero en discordia en su matrimonio, o, para ser más exacto, la mujer del médico es el tercer factor que a menudo interfiere en el verdadero matrimonio del médico con la medicina.

En tu ocupación y tu carrera, «trabajas» la materia prima de tu existencia. Puede que intentes satisfacer las ambiciones de tus progenitores o mejorar el estatus de tu familia. Quizá te sientas infravalorado, y obtengas alabanzas y reconocimiento a través del trabajo. Tal vez te sientas realizado al hacer una contribución a la sociedad o a la humanidad. Los cambios en tu vida laboral suelen reflejar cambios en ti, en quien quieres ser.

El alma en el lugar de trabajo

El lugar de trabajo se puede resentir de relaciones y emociones difíciles. Las jerarquías son a menudo un problema. Los triunfadores no suelen manejar bien la autoridad y el liderazgo, y hacen la vida difícil a quienes están bajo su mando. El trabajo suele provocar ansiedad por el deseo de ganar dinero suficiente y conservar un empleo. Esto puede respaldar las relaciones importantes o interferir en ellas. La sensación de valía de una persona y el sentido mismo de la vida dependen a menudo de lo que ocurre en el trabajo. El lugar de trabajo abunda en cuestiones del alma.

Los trabajadores tienen que pasar horas con otras personas que son bastante diferentes a ellos. Pueden competir por ascensos, el reconocimiento y el éxito, o, simplemente, por una oficina con ventana en una esquina de la planta o del edificio. Pueden surgir atracciones eróticas, amistades inadecuadas y abuso de autoridad. En algunos lugares de trabajo, el clima social es tóxico, y es posible que el lugar mismo de trabajo necesite terapia.

Muchas empresas sufren de una falta de conexión psicológica entre la dirección y los empleados. Las personas no ven más allá de la superficie en las cuestiones relativas a las relaciones o en los problemas de autoridad. Por lo tanto, muchas compañías se beneficiarían de una educación básica y continuada sobre aspectos psicológicos. Los empleados hacen todo lo que pueden por sobrevivir, pero no tienen aptitudes ni conocimientos que les permitan lidiar con las muchas situaciones que se presentan. La terapia podría empezar con la educación para aprender a detectar qué sucede debajo de la superficie de los problemas emocionales y la enseñanza de algunas formas sencillas tratarlos. Las ideas psicológicas básicas no son tan complicadas y pueden enseñarse.

Hoy en día, los *coaches* empresariales ayudan a la dirección y al personal a gestionar sus problemas. Pero el *coaching* no es exactamente una psicoterapia, y a las empresas les iría bien más ayuda. En la competencia por proyectos y por funciones de liderazgo pueden surgir factores emocionales. Pero suelen ser inconscientes, de modo que, cuando las emociones se vuelven intensas, se vuelven destructivas. El *coaching* profundo, hoy en día un movimiento en el campo general del *coaching*, puede acercarse más a la psicoterapia, por lo menos en el sentido de cuidado del alma. Y de esa forma ayudará a la sociedad a prosperar gracias al cuidado del lugar de trabajo.

Si tuviera que ayudar a una empresa a gestionar mejor el entorno psicológico, los siguientes son algunos de los aspectos principales en los que me centraría:

1. Comprender que los líderes abusivos y controladores suelen ser, en el fondo, inseguros y débiles. Si no percibes esta contradicción, puede que tu forma de tratarlos resulte ineficaz.

2. Los celos y la envidia son moneda común en las organizaciones jerárquicas. Son expresiones burdas de los deseos más básicos. Puede que tengas que ser paciente con estos síntomas. En lugar de intentar librarte de ellos sin más, favorece que maduren para convertirse en energías más positivas.

3. Puede que una persona con autoridad no lleve bien su cargo debido a malas experiencias con su familia y durante su infancia. Tal vez necesites algunas discusiones empáticas y profundas antes de poder encontrar soluciones con ella.

4. Las personas tienden a desarrollar sentimientos hostiles entre sí cuando no tienen oportunidades de conocerse de verdad. Es muy fácil concebir entonces fantasías negativas aisladas respecto a compañeros de trabajo.

5. La sociabilidad puede aportar al alma la seguridad y la profunda satisfacción que anhela. Las reuniones en que las personas pueden pasárselo verdaderamente bien unas con otras y los descansos diarios en un ambiente distendido podrían favorecer la productividad.

6. Las críticas a compañeros de trabajo pueden ser fruto de la inseguridad, de una necesidad imperiosa de conservar el empleo, o de hábitos aprendidos en casa. Unas cuantas lecciones sobre cómo lidiar con la inseguridad servirían de mucho.

7. Una empresa no puede proporcionar terapia profunda a todos sus trabajadores, pero puede crear un entorno laboral que no sea emocionalmente tóxico. En especial, un estilo sensible de liderazgo puede contribuir a crear una verdadera comunidad, lo que puede reducir la negatividad.

8. La terapia comienza siempre escuchando. Cualquier empresa podría crear una estructura mediante la cual escuchar los problemas de los empleados podría ayudar con la moral.

9. El entorno físico puede también aliviar el alma: ventilación adecuada, plantas y árboles, agua, un lugar donde pasear, puestos de trabajo cómodos, colores bien elegidos. La terapia suele implicar detalles físicos; no es tan solo una actividad mental.

10. Las imágenes influyen profundamente en el alma. Las imágenes artísticas en el lugar de trabajo desempeñan un papel importante. ¿Cómo te sientes en un centro sanitario, mientras esperas que te visite tu médico, sentado en una sala pequeña sin ventanas y con reproducciones en las paredes de arterias obstruidas u órganos enfermos? Basta un pequeño grado de conciencia para comprender que las imágenes del entorno pueden servir de apoyo o resultar destructivas.

En el trabajo, a menudo las personas están motivadas para triunfar o se resignan a pasarse la vida haciendo algo poco importante y poco atractivo. Las personas que forman las empresas se centran en las cuestiones económicas o siguen el proceso inconscientemente, creando problemas desde el principio. Pueden pasar por alto una verdad básica sobre el trabajo: que todo el mundo necesita que el trabajo tenga sentido y resulte satisfactorio.

Cualquier lugar de trabajo está formado por una comunidad humana, lo que los griegos denominaban «polis», un grupo político. Requiere una visión inspiradora, ideas y ejemplos. También precisa una sensibilidad ética superlativa, porque incluso en el trabajo, la justicia es una cuestión fundamental. La falta de cualquiera de estos elementos genera malestar y síntomas psicológicos.

Un espacio con alma es aquel en que las personas se sienten como seres humanos, tienen emociones positivas y constructivas y experimentan la belleza. No es tan tecnológico e industrial que convierte a las personas en máquinas. Es un entorno cálido, humano, que no es difícil de crear; para ello, solamente necesitas imaginación. Y un entorno humano contribuye a tener trabajadores más productivos y positivos.

Un espacio de trabajo humano, como todos los empeños con alma, se basa en el principio de la amistad, de modo que favorece la amistad entre los trabajadores además de un ambiente de camaradería, una prima importante de la amistad. La amistad es uno de los principales indicios de que el alma está presente. Y, sin embargo, a algunos propietarios y directores de empresas les preocupa que la amistad ralentice la producción. Muchos trabajadores se sienten inspirados para hacer bien su trabajo gracias a los amigos que tienen en el trabajo.

El trabajo de toda una vida

Va bien distinguir entre un empleo y el trabajo de toda una vida. Este último es lo que hayas hecho a lo largo de la vida para hacerte sentir que has hecho una contribución y que tu vida ha valido la pena. Una carrera profesional forma parte de este trabajo de toda una vida. Pero también están las cosas hechas por vocación y los servicios prestados a tu comunidad.

En mi libro *Ageless Soul*, contaba la historia de un hombre que había sido abogado durante su vida laboral, pero que, al jubilarse, ayudaba a jóvenes intérpretes de música clásica a desarrollar un programa para actuar en domicilios particulares. Él decía que su carrera de «jubilado» le proporcionaba una profunda satisfacción y una impresión de sentido. Esto no quiere decir que su vida como abogado no lo llenara o no fuera esencial, sino que ese «empleo» de jubilado le llegaba al corazón e incluía su amor por el arte y los jóvenes. Su experiencia es un buen ejemplo para cualquiera que busque un trabajo con sentido para toda la vida.

Cuando te planteas el trabajo de toda tu vida, que es un planteamiento importante, tienes que mirar más allá de tu carrera profesional, aunque tu empleo constituya la mayor parte de él. Prestar servicios, en particular, te hará sentir que tu vida es valiosa y que has aprovechado bien el tiempo. Das a los demás tu tiempo y tu energía, y con ello te sientes verdaderamente realizado.

El gran trabajo

Así pues, en las conversaciones terapéuticas, escucho en busca del trabajo de toda una vida más profundo, y a menudo oculto, que se lleva a cabo mediante los empleos que están en la superficie y las actividades secundarias. Me pregunto a qué «está llamada» la persona (mi interlocutor). No me refiero a nada sobrenatural ni ingenuamente espiritual. La mayoría de personas creemos que tenemos un propósito en la vida y esperamos que una carrera profesional realice ese propósito. ¿Posee el sentido profundo que necesito? ¿Me lleva por el camino de sentirme realizado? ¿Me permite hacer una contribución a la humanidad, por pequeña que sea, y, por lo tanto, aportar algo de dignidad a mi vida?

Cualquiera que pase tiempo en un trabajo sin sentido va a sentirse perdido. ¿Cómo puedes estar comprometido con la vida si tu trabajo te drena el alma? La tarea del terapeuta es ayudar a encontrar formas de nutrir el alma, mantenerla saludable y fuerte, una base fértil que te sirva de apoyo en todo lo que hagas. De modo que vale la pena hablar de tu trabajo en la terapia. Quizá con una visión más profunda puedas efectuar modificaciones en tu vida laboral como forma de resolver lo que parecen ser problemas que no están relacionados entre sí, y de hacer que la vida entera te resulte más satisfactoria.

Un terapeuta podría ayudar a los trabajadores a explorar su experiencia con respecto a sus empleos y sus carreras profesionales. «¿Se han correspondido con tu personalidad y tu carácter?» «¿Han expresado tus valores?» «¿Te han acercado más a tu visión de lo que quieres que sea el mundo?» «¿Te hacen sentir bien esos empleos, o te arrepientes de algo?» Tu experiencia laboral no tiene que ser perfecta y hasta las malas decisiones y elecciones tienen un sitio en la historia de tu vida.

A menudo, el cuidado del alma tiene lugar en forma de conversaciones sobre aspectos técnicos en el trabajo o sobre cuestiones personales que parecerían tener que ver con las dinámicas sociales del lugar de trabajo. Sin embargo, una breve exploración puede revelar que el asunto es profundamente personal o que se ha transferido del hogar al lugar de trabajo. Los gerentes y directores, a todos los niveles, pueden encontrarse lidiando con problemas emocionales que está fuera de su alcance resolver. Aun así, pueden contribuir a mejorar la situación sin resolver necesariamente el problema más profundo.

Yo les ofrecería una lista de control:

1. Escucha atentamente.
2. Aconseja con prudencia.
3. Responde a lo que escuchas a un nivel más profundo.
4. Reafirma a la persona.
5. Ayuda a profundizar la historia.

Con estos simples actos estás invocando al terapeuta que hay en ti. Puedes lograr mucho con estos pocos pasos. Quizá te sorprenda la magia que se produce cuando escuchas atentamente y respondes a lo que oyes, no solo literalmente, sino al tono y a los detalles reveladores. Cuando llegas al punto de hacer bien y sin problemas estos cinco pasos, puedes considerarte un terapeuta en ciernes. Naturalmente, no quieres confundir esta habilidad con la terapia profesional, pero puedes ofrecer tus cuidados y tu ayuda con un punto de sofisticación e inteligencia.

Tendría sentido que un terapeuta profesional visitara una empresa y enseñara a los directores y gerentes y tal vez a todos los empleados a comunicarse eficazmente entre sí. No solo es cierto que hay que enseñar algunas cosas, sino también que hay que enseñar muchas cosas que presuponemos que no es necesario enseñar. Necesitamos formación sobre cómo hablar unos con otros de formas que ayuden en lugar de lastimar. Todos somos capaces de ser útiles a otra persona, especialmente cuando está angustiada. Para ayudar a un amigo, a un compañero de trabajo o a un miembro de la familia, no te compliques. Basta una inteligencia serena y sutil para hablar de un modo simple y eficaz. Tienes que aprender cómo escuchar y cómo usar las palabras.

El poder de las palabras

Aplicar la terapia a la comunicación en el lugar de trabajo puede ser complicado debido a las jerarquías sociales, las normas y cuestiones de privacidad. Pero a menudo se pide a ciertas personas de una organización que ayuden con problemas de comportamiento, absentismo y dificultades emocionales en el trabajo. Los directores y gerentes, en especial, pueden tener que ser terapeutas temporales, tanto si quieren como si no. Les convendría aprender a cómo escuchar y a cómo hablar de modo que resulte por lo menos útil y potencialmente sanador.

El lugar de trabajo es un lugar especialmente bueno para la discusión terapéutica. Hay muchos asuntos que suponen un desafío flotando en el ambiente. Existe una sensación de inmediatez. No tienes que jugar a ser terapeuta; solo tienes que profundizar las conversaciones corrientes uno o dos pasos más. Si detectas un problema importante en la conversación, no lo dejes pasar. Sé la persona que haga real la conversación y serás el terapeuta designado del momento.

Si eres un psicoterapeuta que trabaja en una organización, puedes aplicar todas las recomendaciones de este libro, a sabiendas de que un grupo está formado por individuos, cada uno de ellos con sus propios aspectos psicológicos, y que un grupo posee, también, su propia psicología: su historia y sus tendencias problemáticas. Como siempre, esto precisa escuchar y comprender. Seguramente, será mejor que no seas un genio analizando, sino que entiendas la terapia básicamente como un trabajo del corazón. En las organizaciones, las personas suelen tener sinsabores del corazón y, por lo tanto, la psique sufre los achaques especiales del corazón.

En el lugar de trabajo, la gente necesita también inspiración espiritual y visión. No hace falta demasiado para situar su trabajo en el contexto del trabajo de toda una vida o de una contribución a la humanidad. El problema con la mayoría de trabajos es que su enfoque es demasiado limitado y podría usarse una visión más amplia. También pueden estar aportando más a la codicia y al interés propio que a la comunidad humana, y esa limitación ética tiene un impacto sobre cómo los trabajadores ven sus empleos. Un terapeuta puede hacer muchas cosas para lograr que el trabajo sea un verdadero relejo del *opus* del alma.

Como autor que suele viajar para promocionar sus obras, he tenido que hablar ante diferentes grupos de trabajadores: personal hospitalario, libreros, músicos de cámara, propietarios de *spas* y oficinas centrales de Starbucks. Descubrí que, al ahondar más en los productos y servicios que estas personas ofrecían, podía darles una visión que los inspiraría en su trabajo. Me sorprendió lo sencillo que era conferir un nuevo sentido a un trabajo corriente. Esto me mostró lo reducida que es la visión que la mayoría de personas tiene del trabajo de toda su vida, y lo deprimente que puede ser esa clase de trabajo. No se necesitaría demasiado para imbuir a nuestra sociedad de alma simplemente recordando la importancia de nuestro trabajo.

Un empleo o una tarea laboral es siempre una
iniciación del alma en la que descubres verdades
eternas con tus manos y tus ojos, y hacerlo es
una pista del propósito de tu vida.

16

Sanar el alma de la sociedad

Una sociedad es como una persona. Tiene una historia especial, determinadas inclinaciones, miedos, esperanzas y costumbres. Una cultura puede deprimirse y albergar viejos enfados. Una sociedad tiene una historia personal que necesita clasificarse y ordenarse, y siempre puede irle bien algo de buena terapia.

Los psicoterapeutas que se pasan el tiempo escuchando atentamente las dificultades emocionales y las luchas vitales de las personas aprenden mucho sobre la experiencia humana y, por tanto, tienen mucho que ofrecer a la sociedad en general. Pueden escribir, hacer películas y conceder entrevistas que benefician a sus comunidades. Pero las personas corrientes pueden, también, convertirse en terapeutas de su sociedad. Pueden involucrarse en la vida más amplia que las rodea y aportar su perspectiva sensible a los problemas. Pueden ser empáticas en lugar de beligerantes y ofrecer sabiduría terapéutica cuando se necesita.

Los terapeutas podrían imaginar una política que cuide de la sociedad en lugar de cuidar de los políticos o de los partidos. Por supuesto, los políticos defienden de boquilla este ideal, pero no hay ningún motivo, salvo el cinismo y la falta de imaginación, por el que no puedan llevarla a la práctica. El político necesita algo de educación y cierta orientación para reflexionar sobre su trabajo, imaginándolo como terapéutico por naturaleza. Uno de mis propósitos aquí es dotar al papel del terapeuta de la importancia que le corresponde para que todos podamos, en los momentos adecuados, asumirlo.

Practicar la terapia en el mundo

La terapia no tiene que adoptar, de forma obligatoria, la forma de conversación. Puede implicar pintar una casa, desarrollar buenos medios de transporte o invitar a empresas nuevas y útiles a que se establezcan en una región. En la pequeña ciudad de Nueva Inglaterra donde vivo existe un reducido grupo de empresarios que están preocupados por el futuro de la región. Y hacen todo lo que está a su alcance para solventar los problemas. No cejan en su empeño de mantener las cadenas comerciales internacionales lejos del centro de la ciudad, para que no sofoquen las iniciativas locales. Soterran el tendido eléctrico y recaudan fondos para realizar mejoras. Conservan los hermosos edificios antiguos y exigen códigos estrictos de construcción de los nuevos. Son terapeutas de la ciudad, y se toman en serio su vocación.

Hablo con estas personas, que tienen aptitudes que a mí me faltan. Las animo y trato de dar respaldo filosófico a su buen trabajo. Soy su terapeuta. Los terapeutas siempre necesitan terapeutas.

Como parte de mi trabajo, suelo hablar con locutores de radio que comentan por antena temas que son de interés y de utilidad para sus oyentes. Son terapeutas que ofrecen oportunidades de mantener conversaciones serias. Los oyentes escuchan ideas que pueden ayudarles a poner orden en sus vidas y a organizar sus valores. Según mi experiencia, la emisora y el formato importan poco. A menudo hablo sobre el alma entre los deportes y el tiempo, y muy a menudo estos locutores de radio AM son brillantes y apasionados.

En nuestra ciudad tenemos un pequeño comercio de toda la vida administrado por una familia. En esta tienda se entablan conversaciones por todas partes, y las personas se llaman entre sí por su nombre. Muchos de sus empleados llevan trabajando en esta tienda desde hace muchos años, un hombre mayor desde su adolescencia. La cajera es una mujer simpática, con la que hablamos sobre sus viajes a Florida en invierno. Me cuenta cómo cuidar de mí mismo y de mi familia. Esto es terapia.

Para entender lo que estoy diciendo ahora, tienes que mirar más allá de la superficie. En el centro de esa conversación sobre Florida en la tienda puede estar el cuidado de mi esposa. Y eso implica que lo están mi matrimonio, mis emociones más profundas y el sentido mismo de mi vida. Puedo salir de la tienda con unas cuantas palabras retumbando en mi interior, sintiendo una esperanza que no tenía al entrar. Nada es tan evidente ni tan superficial como parece. Podría comentar esas cuestiones con un terapeuta profesional, pero puede que él no fuera tan «terapéutico» como la dependienta de la tienda.

Otros terapeutas importantes de la cultura son los dentistas, los médicos, los enfermeros y los fisioterapeutas. A lo largo de los años, he tenido muchas conversaciones en hospitales sobre la importancia de los recepcionistas, que son el primer contacto con los pacientes. Si muestran una actitud empática, entras bien preparado en el proceso de la sanación. Si son bruscos o impacientes, como a veces es el caso, empiezas tu proceso de sanación con una nota negativa.

A menudo, los médicos consideran erróneamente que su trabajo es técnico, y no se dan cuenta de lo importante que podría ser para ellos tratar a sus pacientes como seres humanos en lugar de como a una colección de órganos. Hoy en día, algunos tienen los ojos puestos en el portátil y no miran a sus pacientes. Es extraño que un médico llame por el nombre de pila a un paciente. Cuando voy al médico, no dejo de repetir «Me llamo Tom», pero el médico rara vez me llama por mi nombre.

He oído hablar de psicoterapeutas que también están enfrascados en su portátil mientras sus clientes sueltan confesiones y preocupaciones difíciles. Me gustaría poder enviarles un ejemplar viejo y amarillento de uno de los libros básicos de Carl Rogers. ¿No hemos aprendido todavía de la medicina y de la psicología que la persona cuenta y merece nuestra total atención?

Cualquier proyecto pierde su alma cuando la gente situada en lo más alto explota el proceso en beneficio propio, ya sea a nivel económico o egocéntrico. Pero una comunidad de personas que gira alrededor de preocupaciones comunes, la polis, está formada por individuos y no es fácil lograr algo cercano al consenso. Especialmente en la política, la gente siempre queda atrapada en los complejos, resolviendo sus transferencias parentales con los líderes políticos y peleándose por la patria.

Existe transferencia emocional en el gobierno y en la política. Cuando las personas se unen para seguir a un líder, hombre o mujer, están en una situación parecida a la que conocieron de niños: la madre y el padre eran poderosos, figuras parecidas a mitos que interpretaban un papel dominante en sus psiques. Elementos de este patrón surgen en los grupos políticos, donde el líder hace de madre o de padre. No quiero decir que sustituyan a los progenitores personales, aunque este pueda ser a veces el caso, sino que el padre y la madre arquetípicos juegan un papel importante en la política. Muchas personas, quizá la mayoría, están siempre buscando una madre y un padre para consolar y dar indicaciones al niño de la psique. Podemos encontrar uno en la escena política y entregarnos enseguida al liderazgo de un político. Barack Obama provocó enseguida este patrón en millones de personas de todo el mundo cuando apareció por primera vez en escena. Otros vieron en él algo vil y destructivo, quizá debido a sus puntos de vista más bien liberales, a su raza o a su esperanza de restablecer la civilidad. Cierta polarización forma parte de la política, pero cuando es extrema, precisa terapia, y como en la mayoría de terapias, las soluciones no son fáciles de encontrar.

Una forma consiste en que cada ciudadano domine la tendencia en su interior a polarizarse. Se trata de una forma de autoterapia, consistente en conocer que tienes el hábito neurótico de vilipendiar a tu oponente y querer encontrar otra forma. Los líderes pueden ser también eficaces animando a sus seguidores a no polarizarse. En ese caso, los líderes políticos activan al terapeuta que hay en sus seguidores.

Los psicoterapeutas profesionales podrían jugar un papel influyente en la polis. Conocen la naturaleza humana mejor que nadie, y tienen mucho que ofrecer. Sus simples comentarios sobre interacciones destructivas podrían educar a los ciudadanos para encaminarlos hacia un discurso más cortés y eficaz.

Inconsciencia social

El problema primordial de la sociedad es un grado asombroso de inconsciencia en las relaciones entre las personas. Muchas actúan y hablan a partir de sus necesidades profundas, de sus miedos y de sus persistentes patrones neuróticos, con poca o ninguna conciencia. Lo ves en los enfrentamientos a gritos en los que la gente no oye nada de lo que el otro tiene que decir. Una comunidad prospera con espíritu de cooperación y empatía, pero a menudo lo que ves es puro narcisismo, egoísmo y una gran inmadurez.

La educación y la terapia suelen ir de la mano, pero las personas apenas tienen educación sobre cómo ser ciudadanos: cómo escuchar, conversar de verdad, valorar el consenso, apreciar la diversidad, comprender la importancia del intercambio de ideas. La mayoría no conoce la diferencia entre una opinión y una idea. Pocas aspiran al ideal griego de la *aretē*, o excelencia del carácter.

Una solución evidente sería enseñar la psicología de la autonomía personal, y elevar la conciencia sobre lo que hace falta para mantener una sociedad que funcione bien. Esta enseñanza podría hacerse en la educación secundaria y en ámbitos más públicos para los adultos. Pero ¿cuánta gente piensa siquiera en los aspectos psicológicos del voto, los debates y los mítines para resolver problemas sociales? Necesitamos una revolución en el modo en que la sociedad piensa en sí misma, un medio de ser más madura y reflexiva con respecto a la interacción social. Necesitamos terapia comunitaria, y la necesitamos urgentemente.

Hemos vuelto a la Regla Número Uno: hay que enseñar algunas cosas. No puedes esperar que una persona corriente conozca las reglas de un compromiso eficaz con los demás. En general, la gente solo es consciente de sus propios valores y necesidades, que proceden de sus inconscientes familias y que jamás han sido cuestionados o madurados. Regla Número Dos: hay que sanar algunas cosas. Cuando un conjunto de personas se reúne, existen muchas heridas emocionales atrapadas en la discusión de cuestiones sociales. Puedes ver el dolor en el rostro de las personas cuando discuten desesperadamente por sus propias necesidades y creencias. Resulta difícil implantar una sociedad creativa y feliz cuando la necesidad de terapia es tan aguda y cuando se ofrece tan poca terapia.

Una persona que ha recibido terapia, aunque solo haya sido una terapia accidental, una útil discusión íntima con amigos, conoce la diferencia entre las emociones crudas y los sentimientos reflexivos. La terapia puede, sin duda, funcionar, no solo para resolver problemas, sino para crear un estilo de comportamiento que conlleve menos exteriorización y más conciencia de uno mismo. Imagina una sociedad en la que los ciudadanos hayan alcanzado un nivel de autodominio y sofisticación que les permita abrigar diversos puntos de vista en un contexto de diversidad cultural.

Martin Luther King Jr. fue un terapeuta de la sociedad estadounidense. Señaló nuestra ceguera y ofreció sugerencias para aumentar nuestra conciencia. Su función y su propósito no fue tan solo liberar a las personas negras, sino liberar a todos los ciudadanos del bloqueo emocional a la comunidad.

En su conmovedor y famoso discurso «Tengo un sueño», afirmó: «No busquemos saciar nuestra sed de libertad bebiendo de la copa de la amargura y el odio... Una y otra vez tenemos que elevarnos a la majestuosa altura de hacer frente a la fuerza física con la fuerza del alma». Esa «fuerza del alma» es el poder de la psique, y el doctor King estaba haciendo terapia del alma.

Se supone que los políticos y los líderes gubernamentales son terapeutas de la sociedad. Es su trabajo. En la mayoría de los casos no lo comprenden y no saben distanciarse de sus partidos y posturas para hablar terapéuticamente. De vez en cuando se ven excepciones notables. Los ciudadanos también pueden ser terapeutas, si pueden elevarse por encima de las pasiones de su tribu y apelar a las necesidades de toda la comunidad. A la inversa, los terapeutas profesionales son ciudadanos, y podrían estar tan comprometidos con su sociedad como con sus clientes individuales.

**La sociedad es un hombre o una mujer
muy grande con todas las neurosis que
acompañan a la edad adulta de hombres
y mujeres y con todo el potencial para el amor,
el bien y la belleza de la que los hombres
y las mujeres más pequeños son capaces.**

17

Los progenitores como guías del alma

Cuando era adolescente, al final de cada verano me iba de casa y regresaba al internado del seminario en una ciudad lejana para seguir mi camino hacia el sacerdocio católico. Una fuerte visión guiaba mi vida, pero emocionalmente me resultaba difícil abandonar el apoyo de mi cariñosa familia. Una de aquellas veces, mi tía me llevó aparte y me dijo: «Tommy, si alguna vez crees que ha llegado el momento de dejar esa vida y volver a casa, no lo dudes. Todos lo entenderemos y te acogeremos de vuelta».

Ese fue para mí un momento importante que nunca he olvidado. Siempre he agradecido que mi tía me dijera esas palabras terapéuticas. Estoy seguro de que me ayudaron cuando llegó el día de la decisión y, al volver a casa, me preocupaba decepcionar a mi familia.

Mi tía no me estaba aconsejando ni diciéndome lo que tendría que hacer. Estaba haciendo que me sintiera aceptado y amado con independencia del rumbo que tomara mi vida. Me estaba hablando en nombre de mi familia, y yo sabía que mis padres serían del mismo parecer. Mi tía estaba haciendo las veces de terapeuta pasajera, diciendo las palabras empáticas adecuadas.

El cuidado del alma de un niño

Todos los progenitores, y también los tíos, están llamados a ser cuidadores del alma, de las almas de los niños. Los niños ven los acontecimientos a través de unos ojos hipersensibles y tienen una impresión magnificada del mundo. A menudo, explotan de alegría, pero su felicidad contrarresta miedos y temores profundos. Su dolor puede ser tan devastador como para afectar a su alma misma. En esta extraordinaria plaza, los progenitores son figuras míticas, literalmente. Las heridas del alma del niño pueden ser infinitamente profundas y durar toda la vida.

Vivimos en una era de las máquinas, la era del ordenador y otros dispositivos maravillosos. Sin pensar en ello, transferimos ese pensamiento mecánico a los niños y queremos llenarlos de conocimientos y aptitudes técnicas. Esperamos que aprendan ciencias y matemáticas, y que tengan los suficientes conocimientos técnicos para ganarse bien la vida. No prestamos la misma atención a los temas del alma como el arte y la literatura, y ni siquiera pensamos en apoyar al niño a medida que su alma va apareciendo. La educación como cuidado del alma del niño no parece estar en sintonía con los tiempos, pero no haría falta demasiado para invertir esta tendencia, tan solo un cambio en el modo en que imaginamos la vida.

El cuidado del alma de un niño precisa moderación y una observación atenta. Tienes que ver cómo el niño encuentra formas de permitir que su esencia se manifieste. El trabajo de un progenitor como educador del alma consiste en «hacer salir» el alma del niño a la vida real, lo que dará lugar a un individuo único. *Educere,* una raíz latina de la palabra educación significa «hacer salir». La otra, *educare*, significa «criar y enseñar». Si estás realmente educando, no pones cosas en el niño, haces salir lo que ya está ahí y es exclusivo del niño. No puedes esperar que el niño sea como los demás niños o, desde luego, como tú.

El gran reto de los progenitores es atreverse a respaldar la emergencia de una persona original nueva. La educación y la emergencia son dos caras de la moneda con la que el niño hace su aparición. El alma posee su propia semilla natural y sus propias maneras de hacer. Es el manantial del que sale a la superficie la individualidad, de modo que cuidar del alma de un niño consiste en valorar las formas inesperadas en que esa persona aparece. *Emergencia*, que significa «que brota tras estar sumergido», tendría que ser una palabra clave en la educación de un niño.

De pequeño, me decían que estuviera sumergido, que no me mostrara, que no hablara, que no apareciera. Era lo opuesto a la educación como modo de hacer salir. Sé, gracias a mi trabajo como terapeuta, que muchas personas fueron educadas como yo para que se mantuvieran sumergidas. De algún modo, emergimos igualmente, es probable que porque tenemos una hilera de progenitores y profesores toda nuestra vida, personas que se complacen en cuidarnos como un padre o como una madre, y muchas de ellas quieren vernos emerger.

El amor y la aceptación llenan el ambiente de un hogar orientado al alma. No tienes que empujar a tu hijo a hacer algo, solo confiar en la semilla que atisbas de un ser. Con el tiempo, se desarrollará hasta llegar a ser un individuo creativo, si no te entrometes. Un progenitor tiene que ser una persona que confíe, que apoye al niño incluso ante sus torpes intentos de ser un individuo en un entorno que se deleita con la conformidad. A la gente le gusta que los niños se porten bien, lo que significa someterse y obedecer (Winnicott, 1971, p. 65). Los niños, por naturaleza, quieren ser ellos mismos.

Se suele pedir a un terapeuta que sea un progenitor excelente para su cliente: madre, padre, o ambas cosas. Esta es la contratransferencia más profunda y más positiva, aceptar el papel de progenitor y hacerlo sin ego, sin interés propio y sin inconsciencia. Estar dispuesto a ser el progenitor de una persona, a ocupar un lugar en el que otros han sido deficientes.

Si deseas comprender el alma de un niño concreto para cuidarla, fíjate en lo que teme o con lo que disfruta. La sensibilidad individual es un signo clave del alma. Mira las personas con las que entabla amistad, porque la amistad es un elemento clave en una vida con alma. ¿Qué hace cuando juega? Jugar es como soñar, un mundo dentro de un mundo en el que al alma le gusta habitar o que le gusta visitar. Sin duda, verás señales de una futura carrera profesional o de un futuro estilo de vida en un niño pequeño. Puedes nutrir esa planta de semillero sin presiones ni exigencias. El alma no responde bien a la fuerza. Quiere espacio para expandirse y florecer, y necesita comprensión y apoyo.

El niño del progenitor

Un progenitor alienta el alma del niño tomando como modelo una vida llena de confianza en uno mismo y de una profunda empatía. Para la mayoría de progenitores eso significa ocuparse de heridas de su propia infancia, en lugar de resolverlas a costa del niño. Un poco de perspicacia psicológica podría evitar una gran cantidad de sufrimiento. Conoced este simple principio, progenitores: es posible que intentéis corregir los problemas de vuestra infancia a través de vuestros hijos. Con algo de perspicacia, podréis detectar este patrón y evitarlo, y dar así una oportunidad a vuestro hijo.

Los terapeutas sabemos lo triste que es hablar con adultos que tienen muchas historias que contar sobre progenitores que se enojaban regularmente con ellos, reprimían su espíritu y los hirieron gravemente; todo ello debido a la ignorancia del progenitor sobre la psicología básica de la educación de los niños. Repito el principio fundamental: deja que el genio del niño emerja bruscamente al principio y que madure después para convertirse en un carácter adulto. Sé paciente y cariñoso. Eso es lo único que es necesario.

Si ves que te enfadas con tu hija y que le exiges que te obedezca y sea la persona que esperas que sea, busca alguna terapia con la que puedas resolver los problemas de tu infancia. El momento en que inicias tu papel de progenitor, es el momento perfecto para revisar tu infancia y tratar tu confusión y tu dolor.

Los terapeutas profesionales aprenden la misma lección. Si quieren ayudar a sus clientes a lidiar con dificultades emocionales, ellos mismos tendrían que hacer terapia durante su formación para que fuera menos probable que abordaran sus problemas del pasado a través de sus clientes. Esta forma de actuar tanto por parte de los profesionales como de los progenitores puede ser sutil. Cuando estás dirigiendo tu dolor y frustración hacia tu hijo, puedes sentirte justificado, porque por un momento ves al niño como el objeto adecuado de tu ira. Crees que lo estás haciendo por el bien del niño en mente. Pero estás transfiriendo tus emociones de una experiencia pasada a una experiencia presente, de personas con las que tendrías que estar enfadado a un niño que simplemente tienes a mano y es un blanco fácil. Tu idea de que tu ira es buena para el niño es una ilusión o una forma de justificar tu comprensible pero mal dirigida rabia.

Un progenitor puede relacionarse terapéuticamente con sus hijos, en el sentido desarrollado en este libro, escuchando atentamente lo que el niño tiene que decir y procurando oír el mensaje más profundo. Un niño puede hablar de forma que no sea tan clara y directa como la de un adulto. Los niños tratan de transmitir su experiencia y sus sentimientos, pero simplemente no son lo bastante mayores. Un progenitor escucha el verdadero mensaje con atención y paciencia. Un progenitor excelente capta las metáforas y los mensajes subyacentes en las frases y el comportamiento de un niño.

Un buen terapeuta se comunica de modo adulto y seguro con el alma del niño de su cliente. Se fija en aquello de lo que ha carecido un progenitor y llena ese hueco. Se reconecta con el niño en su propia alma y recuerda las heridas que sufrió de niño. Desarrolla empatía con el niño de la memoria que aparece entonces en los relatos a veces dolorosos de la infancia.

La separación existe

Un mensaje que un progenitor podría pasar fácilmente por alto o interpretar mal es la necesidad del niño de iniciar, a veces, su separación de la familia para tener la independencia de un adulto. Puede comenzar pronto haciendo ligeros esfuerzos por ser diferente y puede que, incluso, desobedeciendo. D. W. Winnicott, el célebre psicoanalista infantil, afirmó que con los niños tienes elección. Puedes esperar que jueguen contigo o que sean sumisos. Ser sumisos conlleva una muerte lenta del yo. Sin embargo, los padres suelen exigir sumisión. «Tendrías que hacerlo porque lo digo yo.» «Los niños tendrían que obedecer a sus padres.» Un poco de reflexión revelaría el egoísmo y la desesperación que contienen estas frases usadas todos los días con los niños.

Progenitores, los niños tienen que separarse de vosotros y, con el tiempo, vivir su propia vida. En el fondo, puede que esta realidad de la vida os entristezca y os enoje. Pero vuestro trabajo consiste en ayudar a vuestro hijo a apartarse de vosotros y a ser una persona diferenciada, independiente. Para hacerlo con éxito, puede que los niños tengan que practicarlo desde la primera infancia. Tenéis que ver a través de sus berrinches el drama que se está representando. No os están desobedeciendo personalmente, se están liberando de la madre y del padre arquetípicos. Aunque no lo creáis, vosotros no sois el objeto de su ira, aunque ellos piensen que sí y os induzcan a creerlo. Necesitan estar libres de cualquier forma de versión autoritaria y limitada del Padre y la Madre. Necesitan crecer y abandonar poco a poco el círculo familiar para acceder a un mundo más amplio donde encontrarán nuevas encarnaciones de los progenitores arquetípicos.

Si podéis ser terapéuticos antes que reactivamente personales, podréis ayudar al niño a madurar. Sí, se necesita cierta resistencia por vuestra parte, pero ese es un pequeño precio a pagar por la profunda satisfacción de ser un progenitor eficaz. Además, la situación podría ayudaros a crecer también,

222 | LA TERAPIA DEL ALMA

de modo que no estéis esperando que los demás os obedezcan y hagan todo lo que decís. Vosotros también necesitáis liberaros de los pesados arquetipos del Padre y de la Madre. Tenéis que crecer y escapar de un papel limitado, pesado y asfixiante.

Un progenitor puede cerciorarse de que su hijo está recibiendo el mensaje adecuado. El enfoque rogersiano centrado en el cliente se convierte en un enfoque centrado en el niño. La clave consiste en escuchar, junto con una actitud positiva. En este caso, actitud positiva significa estar de parte del niño, sabiendo que ese comportamiento suele ser simbólico. Con los actos que pueden molestar al progenitor, el niño está intentando expresar disgusto o dolor, o está intentando separarse. El niño puede hablar y comportarse indirectamente, de modo que el progenitor tiene que poseer cierta destreza a la hora de interpretar metafóricamente las palabras y los actos. Jamás hay que tomar nada en sentido literal. Esperad siempre matices, mensajes indirectos y una cantidad considerable de simbolismo. Recordad, el niño se está separando de la Gran Madre y del Gran Padre, no de vosotros.

Una niña tiene razón de temer a un progenitor que es mucho más corpulento que ella, tiene más poder y autoridad, la protege dándole cobijo y apoyo económico, y posee el tesoro de amor que ella necesita. Un progenitor tiene que tener en su interior un terapeuta que ayude a la niña a lidiar con los problemas de la vida a los que la niña se enfrenta varias veces al día. No es fácil ser niño: los pequeños dramas parecen enormes, siempre surge alguna que otra incapacidad, y no resulta fácil comprender las cuestiones complejas que hay por todas partes.

Un progenitor como un tenista profesional

Como terapeuta, el progenitor habla y responde —no reacciona— como un tenista profesional, como he dicho antes. No es algo instintivo. No golpeas la pelota sin más. Piensas en lo que estás haciendo y usas la forma adecuada. Utilizas palabras que no se limitan a darle un bofetón de poder a tu hija, sino que van a su encuentro con el ángulo y la técnica adecuados. Golpeas la pelota para que ella pueda devolverla, disfrutar del juego y sentirse como una profesional.

Quieres estimular la seguridad en sí mismo, la conciencia y la destreza del niño. De modo que tienes que ser hábil, paciente y atento. Así es como habla un buen terapeuta. No dice todo lo que le pasa por la cabeza. Es sincero y está presente, pero siempre usa cuidadosamente las palabras, consciente de su posible impacto y de cómo coincidirán o no con su objetivo de hacer sentir fuerte y capaz a su cliente. El progenitor terapeuta construye un recipiente en el que la niña puede tener la libertad de ser ella misma, como en ningún otro lugar en la tierra.

> A veces sueño con llegar a ser catedrático
> en la Universidad de la Parentalidad.
> En ella, hombres y mujeres van a clases
> de Juego, Lecciones de Vida y
> Sentimientos Heridos.
> Obtienen su diploma y están preparados
> para dar de comer, acariciar y traer
> una nueva alma a un mundo que espera.

QUINTA PARTE

EL TERAPEUTA

Sócrates estaba profundamente convencido de
que la existencia moral del hombre armoniza con
el orden natural del mundo... Lo que es nuevo en
su pensamiento es su creencia de que el hombre
no puede alcanzar esta armonía del Ser a través
del refinamiento y la satisfacción de sus propios
sentidos y su naturaleza corporal, sino
solamente a través de un total dominio de sí
mismo de acuerdo con la ley que encuentra
al buscar en su propia alma.

Werner Jaeger (1943, p. 45)

Un psicoterapeuta y un amigo servicial desempeñan
un papel importante a la hora de permitir a las personas superar las dificultades que surgen de modo
inevitable en una vida corriente. Pero el trabajo precisa un elevado grado de dominio de uno mismo. La
psicoterapia es un arte que se desarrolla gracias a las
aptitudes y al carácter personal.

18

Las parejas en la terapia

Cuando dos personas se conocen y se enamoran, entran en un estado sin igual. Las emociones son fuertes. Sus fantasías se centran en estar siempre juntos, y a menudo están mucho tiempo sin poder dejar de pensar el uno en el otro. Otros valores, como el trabajo y la educación, pueden sucumbir al aplastante poder del nuevo amor. Este estado es tan intenso y especial que llamarlo amor puede confundir a las víctimas. No es tanto que amen, como podría amarse a un hijo o a un progenitor, sino que su pasión los ha electrizado y sus ilusiones los han cegado. Están sumidos en una nube de fuertes emociones y fantasías delirantes.

El «amor» de «enamorarse» resulta ser a veces una enorme exageración, de modo que cuando las elevadas fantasías disminuyen, las personas involucradas se sienten *desilusionadas*. Esta es una buena palabra, porque es cierto que han perdido su deliciosa ilusión, que quizá era más dulce que la posibilidad de una relación real. Pero no empleo la palabra *ilusión* negativamente. Necesitamos nuestros hechizos y nuestras visitas al país de las maravillas pasajeros. Puede que nos adormezcan en un nivel, pero en otro nos llevan a nuevas posibilidades y nos mantienen ahí, encantados, hasta que una nueva vida pueda afianzarse.

Jung asegura que, cuando un amor así es inconsciente, no puede haber una relación real. Tiene que haber cierta conciencia fuera de la burbuja del amor romántico para relacionarse de verdad. Esta descripción tiene mucho sentido, pero yo también le daría la vuelta. Necesitamos el estado onírico del amor para sacarnos de nuestros hábitos y de nuestra letargia. No es el último paso en una relación que evoluciona, pero es un paso crucial. Yo me imagino el amor romántico como un aura reluciente de deseos de cuento de hadas con la semilla del amor verdadero en el centro.

El éxtasis ocupa un lugar importante en la vida de un ser humano. Si no hacemos otra cosa que deambular todo el día en un estado racional de alerta, la vida se vuelve sosa, previsible y demasiado controlada. En la introducción de mi libro *The Re-Enchantment of Everyday Life*, escribí esta frase que todavía tiene sentido para mí: «El alma tiene una necesidad absoluta, implacable, de llevar a cabo incursiones regulares en el encantamiento. Las necesita como el cuerpo necesita alimento y la mente necesita pensamiento» (Moore, 1996, p. ix).

Dejar la racionalidad a la imaginación viva y profunda del alma hace mucho más que aliviar la conciencia habitual. En ese reino está nuestro futuro. Es donde encontramos inspiración y una gran visión. Nos zarandea emocionalmente, nos da un empujón y nos llena de nuevos deseos, un estado esencial del alma.

El amor romántico es una de las mayores tentaciones para salir de las viejas costumbres que jamás experimentaremos. Jung nos advertía sobre sus peligros, y Hillman celebraba su capacidad de hacer cobrar vida al alma. Un terapeuta podría proteger el encantamiento, así como la unión consciente de una pareja, en lugar de recordarle moralizadoramente los peligros. El encantamiento del amor puede persistir años si se fomenta y se cultiva. Puede que más adelante no sea tan fuerte como antes, pero parte de su magia perdura mucho tiempo.

Jung hizo un gran esfuerzo para expresar la clase de posicionamiento que necesitas en la vida para estar abierto a la imaginación y tener, a la vez, una fuerte orientación. Utilizaba, por ejemplo, la palabra *Yo* de un modo especial, con el significado de una firme conciencia y sentido del ego además de una apertura regular al Inconsciente, como él decía; yo diría al alma y a la imaginación profunda. Jung escribió sobre la «función trascendente», una valoración de las imágenes que sirven a la conciencia y que, sin embargo, residen en parte en ese reino de la imaginación profunda. En el caso del amor romántico, necesitas tanto la conciencia como la voluntad de perderte en la ilusión. No tiene que ser una cosa o la otra.

Normalmente, no consideramos la «manía», como la llamaba Platón, del amor lo suficientemente peligrosa como para precisar terapia. Pero a cualquier evasión de la realidad le iría bien cierto grado de conciencia de uno mismo. El estado del amor no es bueno para tomar decisiones. Esta clase de amor nubla la mente e inspira el comportamiento irracional. En especial cuando se vuelve oscuro, como ocurre con los celos graves, puede ser verdaderamente peligroso.

Dejarse llevar por el amor es uno de los aspectos hermosos de la vida humana, pero concebir la relación en la vida real puede resultar menos inspirador. Los terapeutas suelen conocer a una pareja después de que la ilusión cálida y fascinante se haya desvanecido y la pareja se esté enfrentando a los detalles prácticos de la vida real, por no hablar del hecho de que el otro miembro de la pareja está emergiendo entonces de la neblina de la ilusión. Un terapeuta tiene que sentirse en casa en ambos reinos, el de la sensatez y el de la ilusión, sin priorizar el de la sensatez, y lidiar eficazmente con el área emocional cuando ambos coincidan.

Los terapeutas suelen estar en el lado de la racionalidad y considerar la ilusión como el enemigo. Es por esta razón que necesitamos un «Movimiento Romántico» en el campo de la psicología, una valoración de lo que el poeta John Donne denominó «el éxtasis del amor».

Nuestras almas, (que, para elevar su condición,
salieron de nuestros cuerpos), están suspendidas
entre ella y yo.

Presta atención a las palabras de Donne: «para elevar su condición, salieron de nuestros cuerpos». Eso es lo que dice Hillman: las ilusiones del amor elevan el alma, aunque ese estado pueda causar problemas. Por cierto, los poemas de Donne sobre el amor contienen percepciones de la psicología del amor que un psicoterapeuta actual podría considerar modernas.

El amor romántico es una gran ilusión porque puede significar el punto de inflexión más importante de tu vida. Avanzar hacia emparejarse, casarse o tener una pareja duradera, tener hijos y formar una familia sirve a una de las estructuras más profundas de tu vida. De modo que permites que el estado de ensueño del amor perdure mientras te lleva de una situación de la vida a otra. Este amor es como un puente cubierto de niebla que te conduce ciegamente (recuerda que se representa a Cupido, el ángel del amor, con los ojos vendados) a tu siguiente fase fundamental. Si el

amor no se traduce en un nuevo emparejamiento serio, podría ser un paso en esa dirección.

La comunidad que rodea a los amantes

Cuando te unes en el amor, llevas contigo tu historia familiar, tus heridas y expectativas, y seguramente tus experiencias amorosas pasadas. Puede que hasta estés acarreando la
confusión de un divorcio o de una separación. El pasado
está siempre presente. De hecho, este nuevo amor podría
despertar viejas experiencias y convertirlas todavía más en
un problema.

Durante el asalto completo del amor debemos mucho a
los amigos que pueden cuestionarnos y consolarnos. Ellos
ven lo locos que estamos con nuestros ora éxtasis, ora corazón roto y, sin embargo, responden seriamente. Todo el
mundo sabe que el amor puede volverte loco, y la mayoría
de la gente lo acepta. Nadie va al psiquiatra simplemente
porque se ha enamorado.

Aun así, son necesarias unas palabras de apoyo y de
clarificación. Para retomar a Platón: este afirmó que el amor
es una cosa que puede hacer que perdamos la cabeza de
forma creativa y positiva. Locura erótica, lo llamaba, en honor a Eros, el dios del amor romántico, el dios que después,
cuando menguó nuestra valoración del poder del amor, se
convirtió en Cupido. *Mania* era la palabra con la que Platón designaba la locura, y tiene sentido que a una manía así
le vaya bien un terapeuta que escuche con comprensión.
Fue el mismo Platón quien definió la terapia como cuidado
y servicio.

Considero que mi enfoque de la terapia del amor es básicamente platónico. Para mí, esta clase de amor tiene su propia belleza y su propio valor, a pesar de sus ilusiones y de su desastre potencial. Como Platón, lo entiendo como una expresión del alma, el alma que sale de su caparazón protector para hacer avanzar la vida. La locura del amor es tan solo el comienzo. Puede llevarnos a una relación satisfactoria y al trabajo creativo, a tener hijos y una vida más grande. Si, en lugar de eso, nos lleva a una amarga separación, eso también puede servir, de un modo más oscuro, al alma.

Desde una perspectiva junguiana, la experiencia del amor hace cobrar vida a ciertos complejos inconscientes fundamentales que se presentan a modo de encaprichamiento y compulsión. El amor adopta aspectos muy neuróticos que precisan reflexión y consideración; es decir, terapia. El beneficio de este enfoque junguiano clásico es que dejamos de hablar literalmente de las personas reales implicadas y pensamos en las personas interiores, la vida oculta que ha irrumpido en el romance.

Cuando las parejas se unen, al principio no saben lo que les está pasando. Hablan todo lo posible entre sí para averiguar quién es esa otra persona. Pueden casarse cuando todavía están en la nube del romance, de modo que, como dice tanta gente, se despiertan después y descubren que, mientras no eran demasiado conscientes, han tomado una decisión de vida importantísima. Ahora están unidos a una persona que ya no está tan envuelta en una nube llena de maravillas. Para muchos, el matrimonio conlleva una búsqueda casi diaria para descubrir quién es esta persona con la que se han casado.

La mayoría de parejas consigue conservar parte del romance a medida que desarrolla una conexión más realista con su cónyuge. Por fortuna, algunas ilusiones soportan los ataques de la realidad y pueden dotar de alma el cariño diario. Algunas parejas están simplemente *desilusionadas*, esa palabra clave, y descubren el crisol de la relación. Existe una contradicción en esto: nos preocupan las ilusiones del amor, pero contemplamos los efectos desastrosos de estar desilusionados.

La psique tiene una tendencia extraña, pero habitual, a abordar a través de amigos y amantes actuales emociones negativas que surgieron con otras personas en el pasado. Así, cuando la ilusión se desvanece, pueden surgir emociones fuertes, espontáneas, que se dirigen a la persona que se tiene a mano y que es, en muchos casos, una extraña. La desaparición de las ilusiones deja atrás un compañero íntimo de habitación, pero una pareja desconocida.

Opino que el matrimonio es un recipiente en el que podemos explorar la vida con un compañero. El objetivo no es tanto la felicidad como la vitalidad, salvarse de una existencia aburrida. No es el deseo corriente de tener una vida perfecta (una casa lujosa, un buen empleo e hijos triunfadores), sino un deseo profundo y fundamental de que la raíz misma de nuestro ser llegue a ser alguien. En la boda, la mayoría de personas no saben qué les espera. Sus emociones poseen mucha energía, pero no demasiado contenido ni dirección. A menudo se precisa tiempo para que un matrimonio se adapte a una forma que apoye a ambos miembros en su avance hacia el sentido.

El modo en que un terapeuta se imagina el matrimonio y las relaciones íntimas de pareja da forma a su enfoque. Si lo considera un recipiente de exploración en lugar de la fusión de dos personas como si fueran de metal fundido, no le sorprenderán los conflictos y los períodos dolorosos. Será capaz de ayudar a la pareja a permanecer en el recipiente y descubrir la clase de amor que perdura. En lugar de ver los muchos altibajos, ramificaciones y vericuetos de la relación como aberraciones y amenazas, los considerará elementos naturales del proceso para establecer la intimidad. Percibirá que una pareja está formada por dos individuos que no renuncian a su individualidad al emparejarse.

Una relación es algo vivo. Pasa por muchos cambios, amenazas, alegrías, logros y derrotas. Si la pareja puede tolerar la vitalidad, la relación tendrá futuro. En caso contrario, se irá consumiendo. Un terapeuta puede aportar a las personas una visión que las sostendrá a lo largo de muchos cambios. También puede ayudarlas a conservar el sentimiento de estar enamoradas, porque la realidad no acaba del todo con él. Otra forma de decirlo es que puede ayudarlas mientras pasan de una narración destructiva a otra positiva. También puede ayudarlas a aclarar aquello por lo que están pasando y a observar de un modo más profundo la madurez de su amor. La perspicacia es fundamental y puede lograr un cambio.

Piensa en las personas que viven juntas como si estuvieran entretejidas. Se enfrentan a la vida como personas solas, pero como una tela con muchos hilos, comenzando por las dos familias y los antecedentes culturales, y es probable que de muchos otros tipos también. Tienen que resolver la complejidad que existe entre ellos, pero cuentan con la ventaja de lidiar con el mundo con la fortaleza añadida de un equipo. Sus diferencias pueden ser sus puntos fuertes, y si un terapeuta puede ver este potencial, será más capaz de aclarar los problemas que surjan. Tal vez no tengan que librarse de los problemas, sino más bien ver las posibilidades positivas que hay en ellos.

Adolf Guggenbühl-Craig (1977) vio esta larga e íntima conexión como una forma de individuación, convertirse en una persona y pareja con alma: «Este encuentro dialéctico de toda una vida entre dos compañeros, la unión de un hombre y una mujer hasta la muerte [la unión de dos personas], puede entenderse como un camino especial para descubrir el alma, como una forma especial de individuación» (p. 41).

Los progenitores en la boda

Nuestras fantasías se remontan constantemente a la infancia y a la experiencia inicial de la vida adulta de nuestros progenitores. Como ninguna familia es perfecta, siempre llevamos alguna herida a nuestras relaciones. Podría ser sutil, como la sobreprotección de una madre, o escandalosa, como los abusos de un tío. Cometemos un error al querer que el otro sea perfecto. La pareja tendría más posibilidades si pudiera comprender la paradoja de que las personas imperfectas se relacionan mejor que las perfectas.

Ten presente que el recuerdo que tiene una persona de un progenitor es siempre personal y arquetípico. Cada relación necesita una buena Gran Madre y un buen Gran Padre. De algún modo, las personas implicadas tienen que evocar un espíritu parental en la relación. Necesitan aliviar sus heridas emocionales y orientación para vivir una relación que se inició en una burbuja romántica. Tienen que ser pacientes el uno con el otro y ofrecerse fortaleza y cuidados mutuamente. Hasta una relación romántica puede ser una forma de terapia, en la que cada miembro de la pareja cuida profundamente del otro.

Los progenitores son siempre intérpretes principales en la mitología personal. Según mi experiencia, en la terapia resulta siempre útil explicar con mucho detalle las historias de los progenitores y repetir esas historias hasta que las muchas ilusiones y negaciones se desvanecen para dar paso a retratos precisos. La cuestión no es comprender exactamente cómo los progenitores influyeron en el niño, sino qué figuras arquetípicas se activaron. ¿Cuál era la narración? ¿Cómo eran los personajes?

Neutralidad, neutralidad

Tú eres el terapeuta, pero también pasas a ser el tercero en la relación. La pareja hablará de ti y será consciente de tus posturas y de tu presencia. Eres el tercer factor que puede ser capaz de deshacer la díada que es demasiado cerrada y rígida. Tu neutralidad es un nuevo factor en la relación y puede tener un impacto positivo por el mero hecho de estar ahí.

Al concentrarte en el alma en lugar de hacerlo en el comportamiento, intensificas tu posición como un tercer factor y como factor neutral. Cuando he hecho terapia de pareja en el pasado, de vez en cuando he pedido a un miembro que se sentara a un lado mientras trabajaba con los sueños y las historias de la vida del otro. Mi idea era que esas personas no se conocían realmente entre sí. Tal vez al escucharse el uno al otro y al explorar sus psiques podrían tener más empatía y una valoración más profunda de aquello con lo que el otro estaba lidiando.

Como las parejas comparten sus vidas, pueden llegar a pensar que realmente se conocen bien entre sí. Pero esa clase de intimidad puede resultar engañosa. La familiaridad no es conocimiento, y, de hecho, puede impedir conocer verdaderamente al otro miembro de la pareja como persona independiente. Se necesita algo de distancia, de ahí mi práctica de atender a la pareja de uno en uno. Animo al otro miembro de la pareja a ser un observador atento, de modo que tal vez adquiera así algo de empatía por el otro.

Por escuchar al alma me refiero a oír la historia que no puede contarse. Puede ser demasiado dolorosa y perturbadora, pero de vez en cuando se deja entrever. También podrías escuchar los anhelos que yacen en lo más profundo de la otra persona, o sus miedos. Estás atento a las cosas de las que el otro miembro de la pareja no es consciente. Esperas captar su esencia, de lo que está hecho al nivel más básico. Hillman decía a menudo: «¿Qué quiere el alma?» Esta es siempre una pregunta útil, especialmente cuando encuentras la situación abrumadoramente complicada o emocional.

Honra la sombra en una relación

También va bien recordar que las relaciones son recipientes para el desarrollo del alma y el escenario de la alquimia mediante la cual una persona o una pareja descubren sus almas. En esa alquimia se encuentran elementos oscuros, retos e incluso aparentes imposibilidades. Pero la lucha por convertirse en una persona y tener una relación genuina puede mantener unidas a las personas, quizá más eficazmente que un deseo de felicidad y de compañerismo intacto. No estoy diciendo que una relación tenga que ser dolorosa, sino que la felicidad buscada podría ser profunda y compleja, no superficial y simplista.

Los terapeutas cuyo objetivo es la simple felicidad de una pareja a su cuidado pueden sentirse frustrados con el tiempo. O dirigir, erróneamente, a la pareja hacia un ideal de compañerismo superficial. En lugar de eso, podrías buscar una alternativa a una fusión romántica o a una fachada de felicidad. También tienes que estar alerta a la supresión del conflicto y a la sombra, que solo pueden crear una insatisfacción más profunda y más emocional.

En una relación existe una clase de felicidad que no precisa una paz constante. Los desacuerdos y las frustraciones no tienen que invalidar la felicidad, sino que pueden aportarle la sombra necesaria para que sea real y duradera. Si una terapeuta cree que tiene que ayudar a la pareja a crear una calma constante, puede estar contribuyendo al problema. Necesita una filosofía de la relación que sea adecuadamente complicada y tenga conocimiento de la sombra.

El terapeuta pagado de sí mismo

En cuestiones de relación, los terapeutas tienen que ser especialmente conscientes de su propio pasado y sus experiencias actuales y mantener sus propias luchas separadas de la pareja a la que están intentando ayudar. La relación no solo es un recipiente para el trabajo con el alma; para muchas personas es la plaza más candente y más activa en la que el alma determina sus valores y su destino. Sus temas y su elevada energía pueden ser contagiosos, y un terapeuta siempre está expuesto.

Se necesita valentía y un elevado grado de dominio de uno mismo para ayudar a otra persona a poner en orden sus relaciones. Para un terapeuta sería fácil encontrarse trabajando sus propios problemas a través del material que le presentan sus clientes. Además, si te tomas literalmente las afirmaciones de un cliente, te perderás los asuntos subyacentes que ejercen tanta presión sobre la pareja. Siempre tienes que escuchar entre líneas y captar las metáforas, los significados ocultos y las evasivas.

Puede que no sea necesario hacer una distinción absoluta entre las propias luchas de un terapeuta y las de las personas de las que cuida. Tal vez sea posible que el terapeuta se haga cargo de un caso difícil como la oportunidad de profundizar más en sus propios problemas. Pero confundir inconscientemente unas luchas con otras podría desbaratar la terapia. Creo que he realizado alguna de mis mejores terapias en ocasiones en que mis relaciones eran dolorosas y dificultosas. Pero también sé que a veces me quedé atrapado y conduje a mi cliente en la dirección equivocada debido al sesgo de mis relaciones.

En esas ocasiones me sentí inexperto e imperfecto, y la vulnerabilidad resultante me ayudó a hacer el trabajo. Pero en los primeros años de mi práctica estaba experimentando grandes cambios, y sé que a veces no veía los problemas diferentes de los míos de la otra persona. Mis propias dificultades eran para mí una lección de humildad y, debido a ello, trataba a los clientes con una considerable empatía. Pero, al echar la vista atrás, veo que mi propio dolor me influía demasiado en determinadas direcciones. Una vez mi vida se estabilizó, mi trabajo como terapeuta mejoró. No perdí la empatía, y sentí que mantenía una distancia mejor entre mi vida y la de mi cliente.

La clave al trabajar con parejas consiste en sentir una inmensa compasión por sus luchas. Pero también tener una buena noción de cómo funcionan las relaciones y lo profundamente que está involucrada el alma. Puede ser importante no aceptar las historias y los puntos de vista que se presentan en la terapia, sino estar siempre atento a explicaciones alternativas. Casi siempre, tras un largo y apasionado relato triste y desesperado, lleno de explicaciones y de atribución de culpa, yo ofrezco un punto de vista alternativo.

Al tratar con parejas, tienes que tener presente el alma de la relación y no solamente las almas de las personas. ¿Hacia dónde se encamina la relación? ¿Qué quiere? ¿Cuáles son sus quejas, diferenciadas de las preocupaciones de los dos individuos? La terapia de pareja trata, principalmente, de la psique y del eros que dan vueltas por el ambiente estimulado de la pareja.

La Gran Diosa hace que los animales se apareen, y eso la complace enormemente, lo que apunta a que nuestro apareamiento es animal, de un lugar al que el cuerpo y los fuertes sentimientos nos conducen, lo que apunta a que el apareamiento es de inspiración divina y debería tratarse con un respeto ilimitado como la forma más perfecta de ser humano.

19

El cuidado de sí mismo
de un terapeuta

En la terapia, la principal herramienta es la persona del terapeuta. Tienes que atreverte a entrar en el campo emocional de una persona atribulada o de una pareja en conflicto y usar todos los recursos de que dispones para ayudarles a poner orden en sus vidas. Las ideas y las técnicas ayudan, pero están, en su mayoría, en un segundo plano. El terapeuta tiene que utilizarse a sí mismo, corriendo algo de riesgo, para cuidar del sufrimiento de la otra persona. Si alguien necesita cuidar de su alma, es el terapeuta.

Esto es también aplicable al «terapeuta» no profesional, el amigo que aconseja a un amigo, el compañero de trabajo que ayuda a otro a tomar una decisión importante. Ser consejero temporal no es tu profesión, pero por el momento necesitas cuidar de ti mismo. Da tu energía y tu tiempo solo en la medida que puedas permitírtelo. Conoce tus límites. Descansa y disfruta de placeres que te relajen y a la vez te revigoricen para este duro y especial trabajo.

El trabajo de un terapeuta exige mucho. Cada vida humana es infinitamente compleja, y los motivos son profundos, sutiles y difíciles de percibir. El pasado se inmiscuye sin cesar para desbaratar el presente, y es difícil y requiere tiempo arreglarlo todo. Las emociones son intensas, y a veces se dirigen hacia el terapeuta. Cabe la posibilidad de que te amenacen con demandarte, y no existe un resultado final. La profesión te presiona para que te mantengas al día y sigas las directrices. La vida continúa.

Una terapeuta necesita no solo formas habituales de relajación, sino formas de calmar y recuperar su vida emocional. Necesita ocuparse de su alma.

¿Hay problemas que no puedes manejar?

Cuando enseño a terapeutas, les pido siempre que se planteen el alcance de su capacidad. ¿Qué clase de problemas son demasiado para ellos? ¿Qué clase de gente está fuera de su alcance? ¿Pueden ayudar a un pedófilo? ¿A un asesino? ¿A alguien que odia a las mujeres? ¿A alguien cuyas ideas políticas son justo las contrarias de las suyas? No solo tienes que conocer tus límites, sino que, además, si quieres ser un buen terapeuta, puede que tengas que reforzar tu tolerancia. Tienes que esforzarte al máximo para poder atender a más personas.

Si eres un amigo que ayuda a alguien cercano a ti, tal vez te tropieces con un problema que te da donde más te duele. Te alteras, por lo menos para tus adentros, y no sabes si puedes manejar la situación. Tienes dos opciones: encontrar una forma elegante de dejarlo o expandir tu corazón. Podría ser que el problema que la otra persona te presenta sea particularmente difícil para ti debido a experiencias pasadas propias.

En ese caso, si puedes abrir tu mente y tu corazón, ofrecerte a ayudar puede beneficiarte muchísimo. En general, es mejor meterte en el fuego, donde puedes encontrar tu catarsis, que retroceder por miedo. Pero si sigues adelante, tienes que tener especial cuidado de no dejar que tus emociones sensibles interfieran en tu ayuda a la otra persona. Jung afirmó que cada vez que haces las veces de terapeuta, tienes que lidiar siempre con tus propios problemas. En palabras de Jung (1966): «El médico tiene que cambiar si quiere ser capaz de cambiar a su paciente. Hemos aprendido a situar en primer término la personalidad del médico como un factor curativo o dañino, y lo que ahora se exige es su propia transformación: la autoeducación del educador» (p. 73).

A menudo cuento la historia del jefe de psiquiatría del hospital principal de la zona donde yo crecí. El hombre visitaba a mi padre cada dos semanas. Se sentaban juntos en el sótano acondicionado de nuestra casa y se pasaban dos horas juntos, aparentemente para hablar de sus colecciones de sellos. Por las palabras de mi padre sobre la situación, averigüé que, para el psiquiatra, mi padre, el fontanero, lo escuchaba de modo que le resultaba un buen supervisor. No necesitas un título de psicología para ser un buen terapeuta o el consejero de un terapeuta. Mi padre era un excelente terapeuta accidental, y estoy seguro de que el jefe de psiquiatría era lo bastante listo como para ver el potencial que había en él.

Pero lo principal es que el jefe de psiquiatría encontró una forma astuta de cuidar de sí mismo. Necesitas a alguien con quien hablar que proteja tu privacidad y confidencialidad, que escuche atentamente y que haga comentarios sinceros. Sobre todo, necesitas, *rapport*, una hermosa palabra de origen francés que significa «llevar de ida y vuelta». Es una palabra del alma, como *anam cara* y *communitas*, palabra de los antropólogos Victor y Edith Turner para referirse a la chispa interior que une a las personas. Encuentra a alguien con quien tengas *rapport*, es decir, sintonía, y cuida de ti mismo como cuidas de los demás.

Profundiza tus placeres

Puede resultar estresante intentar ayudar a una persona en cuestiones que confunden a todo el mundo, como las relaciones, la depresión, los anhelos insatisfechos, la soledad, las complicaciones sexuales y la necesidad de encontrarle sentido a lo que haces. Jung afirmaba que el terapeuta debería poner en orden sus cosas antes de ayudar a otra persona a poner en orden su vida. Pero eso es una tarea continúa. Nadie se entiende a sí mismo del todo. De modo que terminas intentando hacer por alguien lo que no puedes hacer totalmente por ti mismo. Te preocupa no ser lo bastante competente o no estar lo bastante listo todavía para hacer el trabajo.

Los terapeutas profesionales suelen carecer de la seguridad de poder llegar a un lugar satisfactorio con un cliente. Muchas veces esa inquietud está justificada. Pueden empezar su práctica antes de estar preparados. Se necesita mucho aprendizaje y experiencia para adquirir seguridad. También pueden haber recibido una educación superficial sobre el terreno y necesitar más estudio y lectura. Por otra parte, alguna vez tienes que empezar, y siempre y cuando seas sincero contigo mismo sobre tu formación, puedes comenzar. Pero procúrate la ayuda de un supervisor psicológico experto y no dejes nunca de aprender.

Las formas habituales de relajación pueden ayudar. Un terapeuta necesita tiempo libre, tal vez practicar un deporte, viajar, hacer ejercicio, comer y dormir bien. La naturaleza es fuente de profunda relajación para la mente y el corazón; de modo que, simplemente, dar paseos por el parque o en plena naturaleza permite despejar una psique reprimida. Marsilio Ficino, el mago del Renacimiento que cito a menudo, afirmó que tendríamos que pasear cerca de un curso de agua centelleando bajo el sol para absorber algo de espíritu solar, y frotar hojas de laurel. El caso es elegir cuidadosamente el lugar en plena naturaleza y acercarte para frotar las hojas.

Yo también sugeriría encontrar un lugar en plena naturaleza donde no veas señales de civilización. Ese lugar ofrecería lo que los griegos llamaban el espíritu de Artemisa, que es una alternativa a una intensa interacción humana. Necesitas que algo de ese espíritu impoluto te envuelva. Puedes usar tu imaginación para encontrar el modo en que te recuperas de demasiado contacto humano, y puede que tengas que hacerlo con frecuencia.

Un terapeuta puede relajarse también mediante el placer de la lectura de obras de ficción, historias detectivescas, poesía… También pueden resultar placenteros los estudios serios. Puedes aprender sobre determinado período de la historia del arte e impregnarte de las imágenes que encuentres. Podrías leer algunos de los textos espirituales clásicos y encontrar un profundo consuelo en sus verdades y en el modo en que están formuladas sus enseñanzas perspicaces. Podrías aprender a entender la música clásica y a profundizar tus percepciones mientras disfrutas del aprendizaje. Con estos ejercicios de la imaginación estás expandiendo y profundizando las fuentes de tu placer.

Un terapeuta podría tener que relajarse de modos que tengan más sustancia que las evasiones vacías que suele usar la gente en general. Cuando sugiero buenas películas y buenos libros, y el estudio de la historia del arte, estoy uniendo el placer de las imágenes al peso del estudio real. Por supuesto, hay un tiempo para la evasión, pero en general un terapeuta que está siempre «activo» necesita placeres que, en sí mismos, sean profundos y formen el carácter. El placer y la relajación no tienen que ser vacuos; podrían llenarte la cabeza de pensamientos ricos y satisfactorios mientras hacen que el día te sea más fácil.

Diversas actividades de ocio y de esparcimiento pueden contribuir a que una persona se reponga. Las teorías sobre el ocio son tan abundantes y ricas que podrías leer sobre ellas y sentirte inspirado a participar en juegos y practicar deportes con cierta intensidad. Los libros de Timothy Gallwey sobre el juego interior del tenis y del golf me parecen perspicaces. Los juegos están llenos de metáforas que indican lo serios que pueden ser si se juegan con una actitud más profunda de lo habitual. A menudo son una forma especial de contemplación sobre cómo afrontar los peligros y alcanzar los objetivos de la vida. No es ninguna casualidad que los dieciocho hoyos del golf se hagan eco del número dieciocho, el número de la vida según la cábala judía.

La meditación, la oración y el ritual pueden ayudar también a que un terapeuta se recupere espiritual y emocionalmente. No tienes que pertenecer a ninguna comunidad religiosa o espiritual para practicar esas actividades, que pueden despejar tu ser interior de muchos de los enredos y las preocupaciones que se han acumulado al hacer terapia. Que ya no asistas a un culto religioso no quiere decir que no seas intensamente espiritual (Moore, 2014).

Puedes convertir un paseo diario en un ritual, lo que le da un importante lugar añadido en tu vida. Lee a Henry David Thoreau (2013). Ofrece lecciones sobre cómo pasear con tu alma. Entre sus muchas instrucciones potentes: «¿Por qué es tan difícil a veces decidir dónde vamos a pasear? Creo que la Naturaleza posee un sutil magnetismo que, si sucumbimos inconscientemente a él, nos dirige bien. No es indiferente para nosotros hacia dónde paseamos. Hay un rumbo correcto; pero es muy probable que, por irresponsabilidad y por estupidez, sigamos el equivocado» (p. 253). Cuanto más conviertas pasear en una experiencia valiosa, y no en un mero ejercicio para tu cuerpo, más te ayudará a lidiar con los problemas de la vida que se te presentan cada día en la terapia.

Una buena dieta es beneficiosa para el cuerpo, pero el alma también se beneficia de comer bien. Comer puede ser una experiencia valiosa, no solo encaminada a la nutrición física, sino pensada también para tu ser interior. Comer alimentos tradicionales con amigos y miembros de tu familia aumenta la riqueza de tu vida. También comer en un lugar bonito; ser servido bien e imaginativamente, y aprender a cocinar bien. Cocinar y presentar los alimentos de un modo especial te refina, te hace más interesante y muy humano. Estas actividades relacionadas con la comida son buenas para tu alma y pueden respaldar tu trabajo.

La práctica continuada de la lectura de la obra de buenos terapeutas es también una forma enormemente útil de adquirir seguridad en tu trabajo. Para este libro, yo leí a Jung, Hillman, Winnicott, Laing, Rogers y Yalom. Renuevo mis aptitudes consultando libros y vídeos de Rollo May, Fritz Perls, John Tarrant, Ronald Schenk, Robert Sardello, D. W. Winnicott, Rafael López-Pedraza, Patricia Berry, David L.

Miller, John Moriarty y Nor Hall. Tengo siempre a mano ciertos libros espirituales: *Zen Mind, Beginner's Mind*, el *Tao Te Ching*, *Alce negro habla*, los *Upanishads*, poesía sufí, *Women in Praise of the Sacred*, de Jane Hirshfield, y mi propia traducción de los Evangelios. Esta lista es parcial. Podría añadir a muchos poetas y novelistas.

Por último, siempre estoy promoviendo una vida espiritual mundana alimentada por las tradiciones del mundo, pero no se trata de una cuestión de dogma, moralismo o afiliación. Puedes elegir ser católico, budista o sufí o no serlo. Lo esencial es adoptar actitudes y prácticas espirituales que sean apropiadas para ti, y sean inteligentes y modernas. Pronto llegaremos a un capítulo sobre la espiritualidad, pero en este punto quiero hacer hincapié en una visión espiritual adaptada a tu visión del mundo y a tus valores que te ayude a sentirte centrado y cómodo en tu papel de terapeuta.

Una buena terapeuta hace que una persona profundice en sus experiencias pasadas o presentes, de modo que tiene que sentirse cómoda en las profundidades. ¿Cómo lo consigues? Puedes prestar mucha atención a tus sueños nocturnos. Puedes leer poetas que te hagan profundizar, como Jane Hirshfield, Anne Sexton o Rilke. Puedes pasar tiempo con amigos con quienes comentar tus cuestiones y problemas. Puedes ver películas especialmente perspicaces (y hay muchas), que ejercitarán tu imaginación para que puedas profundizar con tu cliente. Yo encuentro sosiego en mi amistad con la poeta Patrice Pinette. Juntos exploramos traducciones, palabras clave, etimologías y formatos, y encuentro una fortaleza y una paz absolutas en los cuadros de mi esposa, Joan Hanley, y en la música de mi hija, Ajeet (Siobhán Moore). Tengo conversaciones largas y satisfactorias con mi hijastro, Abraham Bendheim, que es un arquitecto notable.

También va bien tener una visión amplia de tu trabajo. Puedes ayudar a la gente a ser más autónoma y resuelta. Puedes ayudar a la gente a no comportarse tan mal en sus vidas cotidianas. Puedes encontrar el origen de la rabia y la ira, y aliviar los celos. Podrías encontrar formas de hacer que tus conocimientos alcancen a un público mayor y que, por lo tanto, sean socialmente terapéuticos. Podrías considerarte a ti mismo, sin egocentrismo, un terapeuta del mundo.

Oh, señor Terapeuta, necesita un maletín rojo lleno de alegrías y bromas y sueñecitos y bocadillos para no dejar de sonreír tras oír todos esos terribles relatos tristes y deseos dolorosos. Téngalo cerca y bien provisto con las cosas que ama.

20

Un estilo terapéutico

Cuando conozco a un psicoterapeuta, la pregunta que quiero hacerle no es «¿Practica la terapia?», sino «¿Es terapeuta?». Hay una gran diferencia. La jornada laboral de un terapeuta nunca se acaba. Cuando se dispone a marcharse del trabajo ve a una persona de la limpieza con aspecto triste. «¿Qué tal va todo?», le pregunta. «Mi hija se acaba de enterar de que está embarazada. No sabe qué hacer. ¿Podemos hablar de ello?» El terapeuta llega a casa y sus hijos están alterados porque se han encontrado con un abusón en la calle. Lo deja todo para ayudarlos.

Pero incluso en un sentido más amplio, siempre eres terapeuta, observando los muchos aspectos de la vida en busca de un sentido más profundo.

A continuación, cito unas cuantas reglas generales que he reunido desde que descubrí que la jornada laboral de un terapeuta nunca se acaba.

1. Estás siempre «conectado», eres siempre terapeuta, estás siempre interesado en la psique y observando su comportamiento. Posees una perspectiva especial formada por dos elementos: la profundidad y la metáfora.

En palabras de Hillman, siempre quieres «ver a través» de lo literal, lo factual y lo práctico las necesidades y los problemas más profundos. Te desplazas de una capa a la otra, siempre sumergiéndote sin llegar jamás a un final. Saber que tu exploración no tiene final, ni respuestas ni conclusiones influye en el modo en que miras y piensas. Haces sitio a lo misterioso y no necesitas terminar tus reflexiones con respuestas. Como dijo el poeta Rainer Maria Rilke (1984) en un pasaje citado a menudo: «Ten paciencia con todo lo que está sin resolver en tu corazón y procura amar las preguntas en sí... No busques las respuestas... Vive ahora las preguntas. Quizá así, algún día en el futuro, irás poco a poco, sin siquiera darte cuenta, viviendo tu camino hacia la respuesta» (p. 34).

2. Sabes ver y tienes oído para la metáfora y el lenguaje poético. Alguien dice algo con la intención de expresarse literalmente y tú oyes resonar los demás significados, que son más sutiles y penetrantes. Sabes que lo que realmente influye en las emociones yace muy por debajo de lo evidente.

Si quieres, podrías hacer lo siguiente con cada frase que oigas en un día. Pregúntate: *¿Qué está diciendo en realidad? ¿Qué quiere que, tal vez, ni siquiera sepa que quiere? ¿Me está engañando y no sabe que me está engañando? ¿A través de qué gran figura mítica está contando los pequeños detalles de su vida cotidiana?*

Has desarrollado la habilidad de profundizar y oír las metáforas de forma inmediata. Donde los demás pueden ver hechos, tú ves imágenes, una historia más grande y figuras que no son personales y humanas. Sientes la presencia de los espíritus y las deidades descritas en la literatura espiritual. No son solo símbolos, ni representan partes del yo. Tienen su propia realidad en un reino imaginal, no en un reino literal. Tú estás en sintonía con ese reino. Puedes vivir en el mundo de ensueño incluso de día.

3. No das un valor exagerado a la terapia. No te envanece ser hábil reconociendo expresiones del alma. No te presentas como un superhombre. Shunryu Suzuki (1973) habló de ello en términos muy simples: «Lo más importante es olvidar todas las ideas de ganancia, todas las ideas dualistas. Dicho de otro modo, practica *zazen* en determinada postura. No pienses en nada. Quédate en tu cojín sin esperar nada. Con el tiempo, recuperarás así tu verdadera naturaleza. Es decir, tu verdadera naturaleza se recupera a sí misma» (p. 49). Aplica directa y simplemente estos principios a tus esfuerzos empáticos.

Cuando estás con gente, dejas que todo tu yo sea visible. No te escondes tras una máscara profesional, sino que estás presente como una persona y un ser humano completos, con tus limitaciones y tus manías. Muestras tu yo corriente al mismo tiempo que creas y conservas el recipiente de la terapia. Eres corriente y habilidoso a la vez.

Quizá no quieras ir a tomarte un café con tu cliente, pero puede que lo hagas en circunstancias extraordinarias. Solo tienes que conservar el recipiente intacto. Una vez me lo pasé bien reuniéndome con un cliente en un aeropuerto. Llegó en avión desde su lugar de residencia, tuvimos nuestra sesión en un lugar tranquilo en el aeropuerto y regresó en avión a su casa. Nunca tuve la sensación de que el recipiente se rompiera.

Si estoy tratando con una persona especialmente afectada, mantengo los límites estrictos y firmes, pero con la mayoría de clientes, pongo empeño en estar presente como algo más que el terapeuta. Hablo un poco sobre mi vida. Si el cliente me pregunta cómo me van las cosas, se lo digo. Puedo sacar a colación una experiencia mía que me parezca oportuna. Hago todo esto de forma cuidadosa y medida, justo lo suficiente para estar presente como persona. Mi objetivo es servir al alma de la persona a la que quiero ayudar. Reprimo mis propias necesidades para otra ocasión.

4. Desde el primer momento soy consciente de que la terapia es un espacio diferente a una conversación corriente. Escucho con más atención de lo habitual. Estoy conectado a distintos niveles de comunicación. Escucho en busca de la aparición y el sonido del alma en lugar de la comunicación que desea mi cliente. Oigo las connotaciones y las reverberaciones. No es como escuchar en momentos corrientes de la vida. No se trata de escuchar concentrado, se trata de escuchar en busca de voces del pasado, de espíritus y de ángeles, metafóricamente hablando. Quiero saber lo que el alma persigue y anhela con sus quejas y sus síntomas. Quiero estar atento a los complejos sin quedarme atrapado en ellos.

5. Si eres un amigo que se presta a escuchar, puedes ser fácilmente tú mismo y, aun así, crear el recipiente para una conversación terapéutica. El lugar donde os veáis puede ser importante. El modo en que hables cuando comience la terapia es significativo. Tu amiga verá que estás creando un espacio en el que puede hablar con total libertad y será escuchada. Tendrás que distinguir entre una conversación corriente y una charla terapéutica. No estoy aludiendo al lenguaje psicológico ni a nada demasiado formal. Hasta puedes ser explícito y decir algo como «Muy bien, pasemos una hora hablando sobre tu problema. Te avisaré cuándo haya terminado el tiempo y entonces volveremos a ser simplemente amigos». Puede que esto sea demasiado explícito en algunas situaciones, pero puedes adaptarlo a tus necesidades y a tu estilo. También podríais ir a un lugar privado especial, y cuando dé la impresión de que la terapia ha terminado ese día, levantaros e ir a otra parte.

6. ¿Estableces contacto físico con tu cliente o tu amigo? A veces el contacto puede romper el hechizo de la conversación terapéutica. Puede ser más satisfactorio para el terapeuta que para el cliente. Tienes que analizar tus motivos y conocer tus hábitos y tus necesidades. Pero no hay motivos para temer el contacto. Tu contacto puede ser amistoso y cálido sin cruzar ningún límite erótico. Si no sabes tocar de ese modo, no lo hagas. No lo intentes a no ser que te sientas cómodo y lo veas claro. Yo, personalmente, rara vez toco a un cliente salvo para estrechar la mano a un hombre o una mujer, e

incluso entonces suelo mantener cierta distancia. Soy especialmente precavido con personas que son sumamente emotivas o que se alteran con facilidad.

El muy admirado profesor de psicoterapia Irvin Yalom aconseja no tener miedo a tocar, pero hay que ser sensible y hablar sobre cualquier sentimiento involucrado. A veces, asegura, podrías preguntar al cliente si preferiría un apretón de manos o un abrazo. Cuenta una conmovedora historia sobre una clienta a la que se le había caído gran parte del cabello a resultas de la quimioterapia que había recibido. Yalom le dijo que le gustaría acariciarle con los dedos los mechones que le quedaban. ¿Le parecería bien? Ella le respondió que le gustaría. Años después, le contó lo importante que fue para ella sentirse bien consigo misma en aquel momento.

Pero Yalom (2003) lanza una gran advertencia: «Si me preocupa que mis actos puedan interpretarse como sexuales, comparto esa inquietud abiertamente y dejo claro que, aunque puedan experimentarse sentimientos sexuales en la relación terapéutica y estos deberían expresarse y comentarse, jamás se traducirán en actos. Nada tiene prioridad, recalco, sobre la importancia de la sensación de seguridad del paciente en la sala de la terapia y durante la hora de la terapia» (p. 189).

7. Puedes ser un terapeuta accidental o efímero en momentos especiales de la vida corriente. Una vendedora puede pedir consejo al pasar junto a ti, o confesar alguna preocupación que tenga a la hora de atenderte. Tan solo unas palabras que indiquen que la has escuchado y

unas cuantas más a modo de aclaración pueden ayudarla. En esa breve situación, estás siendo un verdadero terapeuta, un papel que llevas contigo. La terapia es portátil.

8. Valora las manifestaciones a veces inusuales e incluso extrañas de la psique. Ve despacio al juzgarlas. Los psicólogos cuentan con un arsenal de etiquetas y diagnósticos, y tienen que tener cuidado de no colocar rápidamente a la gente en casillas de patologías. Un síntoma es algo valioso porque nos indica que algo anda mal y también señala lo que la psique necesita y quiere en ese momento. Un buen terapeuta sabe a partir de un síntoma qué dirección seguir. Respeta el síntoma y no se apresura a catalogarlo como enfermedad o locura.

9. Yo siempre dejo que sea el cliente quien elija cuándo volver a reunirnos, de qué hablar, cuánto tiempo dejar entre una sesión y la siguiente, y todas las cuestiones de este tipo. A veces siento la necesidad de estar al mando, pero entonces recuerdo que se trata de una terapia centrada en el cliente. Es importante dar poder a los clientes y dejarlos también lidiar con la consecuencia de las decisiones. No necesito estar al mando tanto como podría pensar.

El humor es una señal del alma

Un terapeuta o un amigo servicial puede también mantener su humor intacto. El asunto entre manos es casi siempre bastante serio, pero eso no significa que no puedas reírte de los aprietos del ser humano. Como personas, somos todos payasos que intentamos hacer lo máximo posible por encontrar sentido a nuestras vidas y hacer lo correcto. Pero fallamos una y otra vez. Puedes reírte fácilmente de esta situación por lo absurda que es; todo el mundo se toma a sí mismo demasiado en serio y jamás logra del todo sus objetivos. Es una liberación darte cuenta de que eres una persona corriente, imperfecta, que, sin embargo, tiene ideales elevados y quiere hacerlo lo mejor posible. Esa liberación te permite reírte, de modo que incluso en los momentos serios va bien dejar que tu sentido del humor aparezca. El buen humor es uno de los principales indicios de un alma saludable.

Yo me río con mis clientes, nunca de ellos, en momentos serios, si capto el humor negro de la situación, pero presto mucha atención a su reacción. No quiero reírme solo. El nivel y el tono adecuados del humor aportan algo de aire fresco a un problema anquilosado. Me he reído con personas en estado psicótico, con personas que pensaban en suicidarse, con personas con lágrimas en los ojos debido a un hecho doloroso. Por supuesto, la risa tiene que ser adecuada en cierto sentido, pero también puede ampliar la situación y liberar al terapeuta y al paciente de una seriedad innecesaria.

La terapia no es exclusivamente un análisis concentrado. De vez en cuando, me acerco a mi estantería y leo una cita de un poema que guarda relación con lo que estamos comentando. Puedo hacerlo porque noto una limitación en nuestra conversación. Noto que necesitamos que una tercera voz se una a nosotros y nos permita echar un vistazo más allá de nuestro limitado espacio. También sirve de inspiración y enseña lo útil que puede ser, en términos psicológicos, el buen arte y la buena literatura.

A veces un cliente pregunta algo que realmente lleva el recipiente al límite. «¿Puedo estar en el armario mientras hablamos? ¿Detrás de una cortina?» «¿Puedo tumbarme en el suelo? ¿Bajo los cojines del diván?» «¿Puedo venir con mi hermano a la siguiente sesión? ¿Con mi novia?» En todos estos casos, ejemplos reales, dije que sí. Me gusta dejar que el cliente supere los límites porque quiero que la psique se presente. Tengo límites, pero la mayor parte del tiempo, corro el riesgo.

Como terapeuta tienes que ser flexible, valiente a la hora de asumir riesgos, ingenioso, abierto de miras y atrevido, sin dejar en ningún momento de mantener el recipiente sellado. A un nivel más profundo, esto significa no considerar la terapia una actividad formal controlada ansiosamente, sino una relación humana, como diría Rogers, en la que una persona siente el respeto suficiente por la otra para poder ayudarla a resolver complejos problemas emocionales.

Para mí, trabajar con los sueños me ayuda también a evitar que las conversaciones entre las dos personas sean demasiado tensas. El sueño es una tercera cosa, otra presencia, que nos aporta más espacio y comodidad. Si dedicas una hora a comentar un sueño, seguramente revelará una percepción importante sobre la vida del cliente.

Mi regla principal es amar el alma de mi cliente. No se trata de un amor romántico, porque no es tan personal. Ves las semillas de lo que esta persona podría ser. Vislumbras los acontecimientos trágicos por los que ha pasado, y sientes con ella. Percibes la promesa y las posibilidades. Tu amor por su alma es tan intenso, la realización misma de tu vocación, que no se inmiscuyen otras clases de amor (romance, sexualidad, intimidad personal). El amor del alma es demasiado grande y poderoso.

**Lo que no te dicen en las clases de psicoterapia
es que no hay vacaciones ni días libres
en este trabajo que has decidido hacer.
Tienes licencia no solo para ejercer,
sino para ser.**

21

La psicoterapia
y la dirección espiritual

Un día, un cliente mío, John, me contó toda la historia sobre cómo se había pasado años siguiendo a un maestro espiritual tras otro. Empezó con un gurú de la India, que resultó estar interesado solamente en el dinero y en tener seguidores sumisos. A continuación, fue a una comunidad sufí americana moderna que no estaba centrada en nada. Después se convirtió al judaísmo, pero sentía que, como converso, jamás sería aceptado en la comunidad. Finalmente se hizo católico, pero tenía la sensación de que lo trataban como un niño sin pensamiento ni opinión propios. Vino a verme desesperado.

¿Era el problema de John no haber buscado un liderazgo espiritual en el lugar adecuado o era incorrecta la búsqueda en sí? Me pareció que valía la pena explorar las dimensiones psicológicas de sus andanzas infructuosas en lugar de aceptar la búsqueda espiritual en sus propios términos. Supongo que podrías avanzar en cualquiera de estas dos direcciones, pero a veces, la psicológica parece intuitivamente más básica.

Supongamos que John estuviera buscando un hogar espiritual, o simplemente buscando un hogar. Hoy en día, las tradiciones espirituales y religiosas tienen papeles que desempeñar, pero no son buenas opciones a la hora de proporcionar un hogar. Pueden aportar algo a los recursos espirituales de una persona, pero ha pasado mucho tiempo desde que podías ir a una iglesia oficial y encontrar un hogar para tu niño que deambula y busca.

De modo que fijé mi atención en el niño arquetípico de John y en su infancia personal. ¿Podría haber ahí pistas sobre su necesidad adulta de un hogar? ¿Estaba esperando que una comunidad espiritual hiciera las veces de un progenitor para su niño, y su frustración no era por la incapacidad de cada comunidad que había probado a la hora de ser una solución al problema del sentido, sino por su imposibilidad de proporcionar a su «niño» la seguridad que buscaba? La espiritualidad y la psicología, el espíritu y el alma, se entrelazan firmemente entre sí.

El alma y el espíritu

Un ser humano está formado por el cuerpo, el alma y el espíritu. Aquí, la palabra *espíritu* no se refiere específicamente a un tipo religioso de espiritualidad, ni siquiera a prácticas como el yoga, la meditación y el ritual. Estas formas de espiritualidad encaminadas a la santidad y a la perfección forman parte de la vida del espíritu, pero también lo son esfuerzos seculares como la educación, la filosofía, la exploración científica, los viajes espaciales; cualquier actividad que busque trascender el estatus actual del conocimiento y la experiencia. Este espíritu es uno de los tres componentes básicos de una vida humana.

El *alma* tiene objetivos e intenciones totalmente diferentes. Es la profundidad de la experiencia que se expresa mejor en imágenes, sueños y obras de arte. Esta incrustada en la vida corriente y prefiere experiencias íntimas como el hogar, la familia y los amigos íntimos. El alma es la identidad de origen de una persona, un manantial del que fluye un sentido del yo, pero el alma en sí es más grande que el yo y alcanza una profundidad inconmensurable. El alma, decían los escritores antiguos, nos hace humanos, mientras que el espíritu nos permite trascender nuestra humanidad y alcanzar cotas y expansiones increíbles.

El espíritu y el alma están tan cerca el uno del otro que a menudo cuesta diferenciarlos. Uno sirve y alimenta al otro, aunque son de naturaleza muy distinta. Es fundamental vivir en la parte correcta del mundo y tener un hogar que sirve de base sólida y acogedora para tu vida, el alma. Pero es igualmente útil viajar y conocer otras tierras y otras personas, el espíritu. Va bien tener una base espiritual familiar, pero también es valioso experimentar muchos movimientos y tradiciones espirituales distintos. El espíritu y el alma son como el yin y el yang, que, aunque diferentes, se entrecruzan de modo fructífero.

Aunque la psicoterapia trata principalmente del alma, está también dirigida hacia la totalidad de la persona, por lo que no puede descuidar las cuestiones del espíritu. Es más, los escritos antiguos afirman que el espíritu es el alimento del alma. Para cuidar como es debido del alma, tienes que prestar algo de atención al espíritu. Así pues, todos los psicoterapeutas tendrían que ser también guías espirituales.

Los clientes suelen sacar a colación cuestiones religiosas cuando cuentan las historias de sus vidas. Es una forma importantísima en la que el espíritu influye en el alma. La religión de antaño no es realmente de antaño. Hoy en día, los jóvenes sufren presiones para que crean ciertas cosas y para que profesen valores sancionados por una iglesia y transmitidos por la familia.

Otra forma asombrosa en que la vida espiritual mantiene ocupados a los terapeutas es la tendencia paradójica de algunos líderes espirituales a explotar sexual y emocionalmente a quienes están a su cuidado. Los abusos flagrantes son bastante habituales, pero se sitúan en un espectro que se resume en controlar los pensamientos y los valores de una persona. Entre algunos líderes espirituales vemos una tendencia a querer dominar a los demás y a convertirlos en un rebaño de seguidores. Por otra parte, parece haber una fuerte inclinación entre los seguidores a ceder a un líder su inteligencia y su poder con un grado de credulidad difícil de entender.

Estas dos fuerzas, la necesidad de dominar y la tendencia a creerse cualquier cosa y a seguir ciegamente, son la sombra de la espiritualidad. Estas tendencias son tan habituales y tan fuertes que quienes planean ser maestro o seguidor espirituales tendrían que examinarse a sí mismos para no caer en estas seductoras trampas. Dicho de otro modo, tanto para los líderes como para los seguidores, especialmente en momentos críticos de la vida en los que podrías estar iniciando una carrera en dirección espiritual o decidir seguir a un maestro concreto, es adecuado algún tipo de terapia. Por lo menos es el momento de tener una conversación importante con un amigo que sepa sobre estas cosas. Pero sería mucho mejor consultar a un terapeuta profesional preparado para trabajar con la conversión y la vocación espiritual.

Emociones espirituales

Algunos sentimientos están tan íntimamente relacionados con la vida espiritual que podríamos llamarlos emociones espirituales: confianza, fe, duda, devoción, obligación, inquietud por la vida después de la muerte, inocencia, pureza, culpa, pertenencia a una comunidad, traición, miedo o autoridad espiritual. Un terapeuta preocupado tanto por el espíritu como por el alma podría ayudar a un cliente a poner en orden estas emociones.

Cuando una persona se siente insegura y profundamente desconcertada porque no puede encontrar una solución a su vida, una fuente de sentido completo y una sólida dirección que tomar, el estado resultante puede ser profundamente inquietante. La falta de sentido se traduce en ansiedad y en la sensación de que no hay suelo donde tenerse de pie. En nuestro mundo contemporáneo, muchas personas están orgullosas de haber abandonado la necesidad infantil de una religión organizada, pero se encuentran sin una base sobre la que apoyarse. Pueden sentirse inseguras y aturdidas ante la repentina ausencia de una plataforma. Pueden lidiar con esta ansiedad mediante adicciones, múltiples matrimonios o demasiados cambios profesionales, aparentemente en busca de alguna base sólida, pero la pérdida original era demasiado profunda para estas soluciones provisionales. Resulta que las emociones espirituales son parecidas a lo que solíamos llamar «ansiedad existencial», que requiere una reorientación fundamental en la vida.

De modo que buscar otra religión no basta. Las emociones espirituales tienen más que ver con ser que con sentir. Podemos remitirnos aquí a la distinción, actualmente habitual, entre religión y espiritualidad. Hoy en día, a la mayoría de gente no le basta buscar una religión mejor. La exigencia es más básica e individual. Ahora tenemos que encontrar nuestra propia forma satisfactoria y llevadera de conocimiento y aceptar los absolutos a los que todo el mundo se enfrenta: amor, salud, destino y mortalidad. Cada una de estas inquietudes es emocional además de filosófica y teológica, y cada una de ellas requiere un trabajo importantísimo de nuestra imaginación: ¿cómo vas a dar sentido a tu vida, a desarrollar valores sólidos, a sentirte seguro en tu orientación y, finalmente, a lidiar con el hecho irrefutable de tu mortalidad?

Lo psicológico y lo espiritual se combinan en estas inquietudes fundamentales y se sitúan, a menudo de manera invisible, en la base de la psicoterapia. Lo que parece ser un problema psicológico es a menudo un problema espiritual, y viceversa. Hablando como psicoterapeuta experimentado, no entiendo cómo mis colegas terapeutas pueden tratar adecuadamente a un cliente, por más superficial que parezca el problema que presenta, sin haberse enfrentado ellos mismos a estas cuestiones fundamentales. Las religiones dan consejos para encontrar soluciones, pero al final, espiritualmente, la gente tiene que llegar por sí misma a las respuestas. O, con Rilke en mente, podríamos decir que lo que se busca son buenas preguntas y formas profundas de meditar sobre ellas.

No se me ocurre ninguna otra conclusión: un psicoterapeuta es, además, por definición, un director espiritual.

Para mí, la vida tras la muerte es un asunto serio. La gente tiene muchas ideas diferentes sobre ella, pero estoy seguro de que todo el mundo ha encontrado una respuesta y una solución llevaderas. Recuerdo un momento tenso en mi amistad con James Hillman. Estábamos en un salón de su casa de Connecticut, dejando vagar nuestras mentes. Fue más o menos un año antes de su muerte, según recuerdo. De repente, me dijo: «En cuanto a la vida tras la muerte, yo soy materialista. No hay nada que esperar».

Me sorprendió esta declaración, que sonaba a conclusión final. Era un hombre que toda su vida había propugnado tener en cuenta los poderes invisibles que dirigían la vida y la cultura, poderes que a menudo describía usando las imágenes de los dioses y las diosas griegas. Su resumen de la religión al final de su obra principal, *Re-Visioning Psychology* (1975b), es un modelo de la fe prudente y libre de prejuicios. Hasta Jung, padre espiritual de Hillman en muchos sentidos, cuando le preguntaron si creía en Dios, dijo acertadamente: «Creer es difícil. Yo no creo. Yo sé».

Yo sabía que Hillman siempre había evitado una solución sentimental para todo. No quería ser crédulo o iluso en absoluto en su pensamiento. Escribió mucho sobre lo espiritual, pero sus escritos suelen ser críticos. Me preocupaba que se refiriera en inglés al cristianismo con la palabra *Christianism* en lugar de *Christianity*, convirtiéndolo en una ideología desdeñable en lugar de un movimiento teológico neutral. Tengo quejas enormes sobre el cristianismo, pero atesoro su rico pensamiento, sus eficaces rituales, su arte transformador y sus inspiradores medios de meditación, devoción y contemplación. Así que Hillman y yo nos separamos en nuestro modo de abordar lo espiritual. No sé si él podría haber sido eficaz como psicoterapeuta si hubiera tenido que lidiar con los problemas espirituales de un cliente.

Por otra parte, a pesar de sus sesgos, era un pensador teológico dedicado y astuto. Habría sido, espero, un buen consejero existencialista sobre cuestiones espirituales, aunque no favorable a las tradiciones. Yo tengo un enfoque diferente. Admiro y respeto las muchas tradiciones, y he intentado adoptar las enseñanzas de muchas tradiciones diferentes que tienen sentido para mí.

De vez en cuando, Hillman se refería a mí con desdén como «monje», a veces porque creía que yo no era lo bastante mundano o que el dinero no me preocupaba lo suficiente, a veces porque era más favorable a las tradiciones espirituales. De modo que es aquí donde divergíamos, y lo menciono solo para centrar la atención en el modo en que el espíritu y el alma se entrecruzan en el trabajo de la terapia.

Los clientes que se someten a una terapia están a menudo buscando un sentido, o pueden estar sufriendo por heridas emocionales de su experiencia de la religión en la infancia. Seguimos en una época en que una dura educación religiosa permanece en los recuerdos de los adultos. Estos recuerdos son tenaces y a menudo se introducen profundamente en la psique.

Las ideas religiosas y espirituales pueden debilitar también a una persona cuando estas ideas no han madurado y se vuelven más sofisticadas a medida que la persona envejece. Para la mayoría de personas, nuestras aptitudes tecnológicas y nuestro conocimiento de lo que está pasando en la sociedad evoluciona, pero la religión a menudo queda atascada en una fase de la infancia. Muchas personas creen exactamente lo que les enseñaron en su infancia.

Pero hoy en día las actitudes religiosas pueden ser maduras y de lo más adecuadas. James Hillman puso un ejemplo de esta nueva religiosidad madura en sus instrucciones positivas para la oración en una época de demasiada o no suficiente fe:

La psicoterapia se detiene antes de llegar a la meta. Invita a la confesión, pero omite la oración. Se provoca el impulso religioso y, después, no se satisface. Un aura religiosa secundaria impregna entonces muchos aspectos de la psicoterapia. El análisis en si está considerado religiosamente; la «experiencia» está dotada de valores religiosos y se vuelve sagrada, no se puede examinar: el dogma de la experiencia. Las emociones del corazón se toman por revelaciones religiosas...

La oración ofrece una terapia de confesión. Al rezar, nos mudamos. Como insistía Coleridge, la intensidad del subjetivismo occidental requiere una divinidad personal a quien dirigimos nuestros corazones. Estas divinidades nos salvan, psicológicamente, porque nos salvamos del personalismo de los sentimientos al dar esos sentimientos a personas que no somos nosotros, que están más allá de nuestra idea de la experiencia. Los que son ellos. Los que proporcionan experiencia y son su territorio, de modo que la *himma* del corazón [imágenes consideradas reales, aunque no son físicas] los reconoce a ellos, y no a nosotros mismos, como las Personas verdaderas. Les hablamos, y ellos a nosotros, y esta «situación dialógica» que constituye la oración (a diferencia de la idolatría, la adoración, el éxtasis) como un acto psicológico es «el acto supremo de la imaginación creativa» [1981, pp. 23-24].

El terapeuta como director espiritual

Los terapeutas estarían mejor preparados si recibieran educación en cuestiones del espíritu. No tienen que ser maestros espirituales o teólogos hechos y derechos, pero tendrían que saber lo suficiente sobre la espiritualidad para ayudar a sus clientes a explorarla. No precisan un título en estudios religiosos, pero necesitan ser conscientes de la importancia de las cuestiones espirituales y en cómo influyen en las psicológicas.

Imaginemos que los vínculos de una clienta con una iglesia empiezan a romperse. Las enseñanzas ya no tienen sentido para ella, o la clienta se siente vacía al ir a una iglesia cuyo lenguaje y cuyas costumbres ya no la inspiran. Puede que se considere una hipócrita porque interiormente ya no puede creer en ella. El resultado puede ser una sensación de pérdida y de tristeza, y el deseo de una nueva clase de apoyo. La clienta sabe qué se siente al no tener una fuente de sentido y necesita algo de ayuda en este momento decisivo.

¿A quién acude para que la apoye? No puede acudir a los líderes de la vieja iglesia, un sacerdote, un rabino o un pastor. No logra encontrar una comunidad alternativa de fe. Sin embargo, sus sentimientos son profundos y difíciles. El sentido, los valores y el propósito van acompañados de emociones fuertes. Los sentimientos dolorosos de la clienta no tienen que ver con las relaciones o con conflictos interpersonales. No tienen que ver con el trabajo, con una depresión o con la ansiedad en el sentido habitual. Están relacionados con la pérdida de una estructura de creencias. De repente está sola, y esa no es la forma en la que ha vivido. Necesita una nueva estrategia y algo nuevo en lo que creer.

Sería de gran ayuda encontrar un terapeuta que sepa de la duda y la búsqueda espirituales, y que comprenda la confusión emocional que la pérdida de fe puede provocar. Sería todavía mejor que ese terapeuta conociera un poco diversas enseñanzas religiosas o espirituales. Algunas personas tienen la sensación de ir a la deriva y estar deprimidas, y no se dan cuenta inmediatamente de lo que pasa. Puede que no relacionen la indecisión espiritual con el dolor emocional, y no les resulte fácil encontrar un terapeuta que sea abierto y ducho en el trabajo con emociones espirituales profundas.

Los principios básicos de la orientación espiritual

Los primeros requisitos para un terapeuta espiritualmente alerta son la apertura de miras y un reconocimiento de las enseñanzas y las prácticas espirituales. Algunos terapeutas muestran poco interés por las cuestiones espirituales. Suponen que su trabajo consiste en convertir al cliente a sus propios valores y creencias, que tienden al fundamentalismo o al agnosticismo. Pueden actuar como testigos de su fe o de su falta de fe. Pero, si asumimos que la tarea de la terapia es ayudar a los individuos a aclarar sus emociones y sus pensamientos, este enfoque no es terapéutico.

Imponer tus valores y tus creencias es un hábito cultural que tenemos que reexaminar. En el mejor de los casos, el deseo de convertir a los demás puede ser fruto de los beneficios que has recibido al seguir tu camino. Pero cuando la necesidad de convertir es fuerte, quizá obedezca a una cierta inseguridad. Una creencia fuerte, manifiesta, puede ocultar la duda y la incertidumbre. La vida es complicada, y puede que un simple conjunto de ideas morales y espirituales no sea adecuado. La necesidad de convertir puede ser fruto de la necesidad de encontrar validación y apoyo para superar tu ansiedad.

Hasta un terapeuta abierto de miras puede intentar discretamente convencer a su cliente de sus propias respuestas. Su prejuicio puede estar tan oculto y ser tan ligero que pase desapercibido y se presente subliminalmente. Si evita la conversión evidente, este terapeuta puede, sin embargo, intentar convencer a su cliente para que sea abierto de miras.

En el aspecto positivo, un terapeuta puede ayudar a un cliente a aclarar su historia espiritual, sus influencias e incluso algunos de los problemas emocionales de la creencia. El cliente puede madurar espiritualmente mediante este proceso de clarificación y descubrir formas de ser espiritual que sean satisfactorias para el adulto y no solo restos de su infancia. El terapeuta no aporta una solución, sino que más bien reúne los muchos elementos que se han introducido en la postura del cliente, y estos elementos aclaran las cosas al cliente.

Valora la religión

El patrón que acabo de describir suele ser justo el contrario. A algunos terapeutas a favor de la diversidad cultural y espiritual les cuesta valorar a un cliente que profesa una religión oficial. Pero si vas a ser abierto de miras, ¿no tendrías que respetar la devoción de una persona a su tradición familiar o a un recién descubierto hogar religioso? Todos estamos en algún punto de nuestro viaje, y por muchos motivos, ahora puede ser el momento de unirse a una comunidad espiritual oficial, tal vez tradicional. Ser libre e independiente no es siempre un avance evolutivo en el viaje espiritual, sino una opción, lo mismo que elegir unirse a una iglesia.

Puedes entender que hoy en día una persona recurra a una religión tradicional, no tanto para aferrarse a la verdad como para explorar el universo espiritual. Personalmente, yo viví intensamente la ruta tradicional desde el primer día. Fui monje doce años. Conozco esa vida y la adoro. Ahora me muevo en otra dirección, pero mi vida monástica sigue formando parte de mí e influye en mi estilo de vida y en mis valores. En el fondo soy católico, aunque las posturas políticas que actualmente adopta la Iglesia me desaniman a participar demasiado. El autoritarismo exagerado es del todo innecesario y está íntimamente relacionado con el miedo a las mujeres y a la vida mundana. Me gustaría ver una Iglesia católica formada por pequeñas comunidades sin clero y, desde luego, sin la inmensa estructura piramidal autoritaria.

Pero valoro que alguien se haga católico hoy en día. Lo considero un avance en su espiritualidad. Esa persona puede ser capaz de concentrarse en la rica espiritualidad y no prestar atención a todo lo demás. Si la aconsejo, quiero estar abierto a su elección. A veces estas personas acuden a mí debido precisamente a mis antecedentes católicos y a mis conocimientos de esa tradición. La gente puede elegirte a ti por un motivo similar. Puede querer alguien que conozca el agnosticismo, el judaísmo o que, simplemente, esté buscando.

Aprende sobre las espiritualidades del mundo

El siguiente paso es fácil: familiarízate con los conocimientos básicos de muchas tradiciones espirituales. Durante mi posgrado, lo oí decir: «Si conoces una religión, no conoces ninguna». Dejar la postura espiritual familiar y abrirte a los puntos de vista de otra es un paso trascendental. Como terapeuta, puedes encontrar fácilmente una buena traducción de los Evangelios, del *Tao Te Ching*, del Antiguo Testamento, de poemas sufís, de oraciones y canciones de los nativos americanos, de sutras budistas como el Sutra del corazón y de las oraciones judías. Puedes avanzar mucho simplemente leyendo y releyendo estos textos básicos y quizá leyendo algunos buenos comentarios. Puedes escuchar a un orador talentoso de una de las muchas tradiciones. Entonces estarás preparado para ayudar a las personas con sus emociones espirituales. Tienes que educarte en cuestiones espirituales, pero no necesitas un título.

Puedes ir más allá de estar, simplemente, abierto a las enseñanzas espirituales del mundo. Puedes tomártelas en serio, ya sea su esencia o partes de ellas por lo menos, y descubrir cómo, en tu caso, proporcionan a tu psique la visión y los principios que necesitas. Te pueden encantar las enseñanzas y conocerlas bien. Estarás entonces preparado para ayudar a tus clientes con su desarrollo espiritual, y eso es una gran ventaja para cualquier terapeuta.

No seas antiintelectual

Cuando me hice terapeuta, había estudiado atentamente los Evangelios, había leído a Paul Tillich y a Pierre Teilhard de Chardin y Thomas Merton. Había leído las obras completas de Jung, había estudiado intensamente a James Hillman. Había recibido formación práctica en la terapia centrada en el cliente de Carl Roger, había participado en muchas sesiones de terapia Gestalt y había tenido la ocasión de dirigir grupos de terapia bajo supervisión. Aun así, tenía la impresión de que la lectura y el estudio intenso eran lo que me había preparado realmente. Lo confieso, vivo gran parte de mi vida a través de los libros, a pesar de que mis profesores de Gestalt desconfiaban de la vida intelectual. El propio Fritz Perls, creador de la terapia Gestalt, era bastante intelectual, y Carl Rogers, también, a pesar del énfasis que ponía en la relación, tenía una buena formación, ya que había asistido al Union Theological Seminary.

La mejor base para un buen terapeuta es estar instruido en ideas excelentes. Evidentemente, no intentas lidiar con problemas muy emocionales de una forma meramente intelectual, pero puedes confiar en una base sólida en buenas ideas sobre la experiencia humana y cómo apoyarla de modo eficaz. Para estar preparado para este difícil trabajo, tienes que estudiar y poseer profundos conocimientos básicos de psicología. No te vendría mal también tener conocimientos de filosofía. Entre los mejores terapeutas que conozco figuran filósofos prácticos, no solo terapeutas filosóficos.

Evita la contención

Las personas espirituales pueden ser beligerantes y desdeñosas con el lenguaje y las creencias ajenas. Discuten fácilmente o menosprecian a los demás sin motivos, a menudo por razones superficiales. Todo esto forma parte de la psicopatología de la experiencia espiritual, un problema generalizado que no se ha estudiado lo suficiente en profundidad.

Como terapeuta o consejero, podrías examinarte a ti mismo sobre esta tendencia habitual a ser beligerante y desdeñoso con creencias e ideas que no forman parte de tu propio sistema. Cuando notes que empiezas a adoptar una actitud defensiva al escuchar a tu cliente o a tu amigo, relájate y permite la diversidad. Si te enojas al oír ideas con las que no estás familiarizado, tómatelo con calma. No tienes nada que temer. Deja que la otra persona tenga su propio viaje y sus propios descubrimientos espirituales. ¿Acaso tiene alguien las respuestas irrefutables y definitivas?

Diversas religiones y planteamientos espirituales utilizan palabras notablemente diferentes, pero si las analizas más atentamente, verás que sus ideas se parecen mucho a las tuyas. Yo, personalmente, no uso la palabra *Dios*. Creo que se utiliza en exceso y que puede confundir. Mucha gente parece tener a Dios identificado. Pero sé que la palabra puede usarse de modo muy abierto, por lo que no me altero cuando la oigo. Sin embargo, tengo una pizca de ateísmo en mí que me hace ser honesto.

Por otra parte, también puedo ser evangélico y fundamentalista a mi propia manera. Por lo general, creo que soy bastante abierto y que he aprendido mucho de diversas tradiciones. Sin embargo, soy quisquilloso sobre algunas palabras e ideas. Tengo que tener cuidado cuando estoy orientando a alguien con unas ideas y un lenguaje distintos, porque puedo estar demasiado seguro. Puedo ser rígido a mi manera y reconozco que esto es la sombra de mi imparcialidad sobre la diversidad espiritual.

Aliméntate espiritualmente de tradiciones desconocidas

También puedes tener presente que lo psicológico y lo espiritual se combinan entre sí. Las personas pueden adherirse a una enseñanza espiritual por motivos psicológicos y viceversa, pueden favorecer su vida emocional clarificando su visión espiritual. Ambas direcciones son fundamentales al hacer terapia. Puedes ayudar a tus clientes a poner en orden las piezas que se unen para crear un camino espiritual reconfortante e inspirador.

También podría resultar útil que te plantearas y practicaras muchas formas de ser espiritual al margen de las comunidades y tradiciones formales. En este sentido, los trascendentalistas de Nueva Inglaterra ofrecen mucho consejo y ejemplo prácticos. Emerson, Thoreau y Emily Dickinson estuvieron dedicados a una intensa práctica espiritual aconfesional, cada uno con un planteamiento algo diferente, pero todos ellos escribieron también sobre sus ideas y sus prácticas. Cualquier terapeuta se beneficiaría de tener ejemplares de sus libros a la vista durante una hora de terapia.

Las personas suelen recurrir a sus sacerdotes, pastores, rabinos u otros líderes espirituales en busca de ayuda para los problemas y tragedias de la vida. Muchos de ellos han recibido formación en orientación y creen que son capaces, y sin duda lo son, de trabajar terapéuticamente cuando es necesario. Otros se sienten inseguros porque no han recibido formación formal. Algunos han recibido formación, pero no es suficiente, porque a menudo los líderes espirituales tienen que lidiar con casos difíciles.

Si estuviera enseñando a sacerdotes y pastores en ciernes, presentaría su vocación como un modo de ofrecer atención terapéutica en todo lo que hacen: dirigir las oraciones y los rituales, ofrecer consuelo a los enfermos y a quienes han perdido a sus seres queridos, en los momentos decisivos de la vida y del matrimonio, en el ritual. Como he dicho, la palabra *terapia* aparece usada frecuentemente en los Evangelios. Y en el islam, el budismo y el judaísmo encuentras también enseñanzas e imágenes potentes sobre la atención terapéutica.

Cuando quiero recordar de nuevo qué es, básicamente, la terapia, suelo releer las últimas páginas del diálogo Eutifrón de Platón. En ellas, Sócrates y un discípulo comentan dos palabras relacionadas: *therapeia* y *hosion*. *Therapeia*, naturalmente, es «terapia», y *hosion* se traduce a veces como «santidad». Para mí, la mejor definición de santidad o piedad que encontramos en este diálogo es «hacer lo que complace a los dioses». Sócrates usa la fascinante frase *therapeia theon*, «terapia de los dioses».

Con estas ideas en mente, yo concluiría que terapia significa cuidar de la relación que las personas tienen con la ley de su propia naturaleza y con las leyes de la vida. Para estar en sintonía con sus corazones y vivir lo más cerca posible del ejemplo del mundo natural. Para ser básicamente quien eres, sin contradecir lo que significa ser un ser humano o ser tú.

El papel de los líderes religiosos no es, principalmente, enseñar un conjunto concreto de ideas o reglas, sino ayudar a la gente a mantenerse acorde con su propia naturaleza. Hacer lo que complace a Dios o a los dioses y las diosas.

Los líderes religiosos representan y transmiten también lo divino, lo infinito y lo misterioso. Encarnan la santidad y, por tanto, puede enseñar con el ejemplo a llevar una vida espiritual y con alma.

Su papel es, pues, muy compatible con el trabajo del terapeuta, y podríamos continuar diciendo que las personas corrientes no solo pueden practicar la terapia en un sentido amplio, sino también ser guías espirituales: profesores para sus alumnos, progenitores para sus hijos y gente corriente para sus amigos y vecinos.

Huelga decir que no estoy hablando de proselitismo, de convertir a los demás a tus creencias, ni de moralizar según tus propios valores. Puedes encarnar y expresar tu visión trascendente y ayudar a los demás con esta parte importante de la vida mediante una conversación profunda. Se trata, sin duda, de algo conmovedor, porque hoy en día muchas personas espirituales sienten la necesidad de convertir a los demás a su punto de vista. Cuesta ayudar libre y abiertamente a la gente con su vida espiritual. Pero si los líderes espirituales pueden suscribir este importante punto de vista, tienen mucho que ofrecer terapéuticamente a las personas que de modo natural acuden a ellos en busca de orientación.

El monje que medita está sentado en el remate de una torre como Sócrates buscando sus pensamientos más elevados, encantado del vértigo de estar encaramado en las alturas admirando la vista, de nada alrededor.

22

La sombra de un terapeuta

Por lo general, los terapeutas somos gente decente. Nos dedicamos a este trabajo para ayudar, y disfrutamos pasando muchas horas orientando a personas que atraviesan momentos difíciles. Sin embargo, nos resulta fácil tenernos a nosotros mismos en un alto concepto y creer que no tenemos defectos. Todo esto nos lleva a confrontaciones sorprendentes y difíciles con nuestro lado sombrío.

Sombra es un término que Jung utilizó para describir esa compleja figura que radica en nuestro interior y que encarna todas las cosas malas. Pero realmente la sombra no es siempre mala. Para algunas personas, la rabia y la sexualidad son sus sombras; mientras que, para otras, estas cosas son simplemente parte de la vida, incluso positivas. La sombra junguiana yace justo bajo la superficie y puede hacerse que forme parte de la vida sin largos análisis ni un trabajo que suponga un reto. Según Jung, lidiar con la sombra podría ser el primer paso que des hacia la recuperación de tu alma.

Hay quien habla de «integrar» la sombra y hace que suene muy fácil. Pero no es que integres la sombra, precisamente. A lo largo de los años llegas a conocer tu lado oscuro, sin llegar jamás a una reconciliación plena, por supuesto. La sombra es inmensa. A cierto nivel, actúa como un complejo formado por mucho material reprimido, pero también posee una dimensión arquetípica. Los seres humanos nunca son perfectos, y nunca son totalmente buenos e inocentes. Está la sombra personal, y está la sombra humana.

Parte del material de la sombra surge debido a las circunstancias de nuestra familia y de nuestra educación. Una intensa instrucción religiosa moralista puede convencer a una persona de que intente ser buena a toda costa y de que adopte una actitud buena e intachable. Otras personas pueden haber recibido poca influencia de este tipo, de modo que el lado de la sombra es bastante corriente para ellas. Así pues, algunos personas tenemos que trabajar más que otras con la sombra.

La gente que procura mantener alejada la sombra tiene a veces sueños perturbadores de retretes rebosantes o de otras experiencias en el cuarto de baño. Puede que en el sueño hagan todo lo posible para evitar mancharse, una imagen que no es difícil de reconocer en términos psicológicos. Es posible que la soñadora esté tentada de pensar que el sueño quiere que esté más limpia, mientras que es probable que le esté mostrando los extremos a los que llega para evitar acabar sucia y manchada. El sueño es una invitación a dejar de evitar los aspectos sucios de vivir una vida humana.

Los terapeutas tienen una sombra

Los terapeutas tienen cualidades específicas de la sombra que van con la profesión. Les gusta parecer estar por encima de la condición humana y pueden dar la impresión de que han solucionado todos sus problemas. Pueden ocultar su sombra tras sus credenciales y su reputación. No es extraño que un cliente suponga que su terapeuta ha superado eficaz y limpiamente todas las luchas humanas. En mi consulta, cuando observo que estas actitudes pasan a primer plano, no las contrarresto activamente. Me mantengo neutral y supongo que la neutralidad las privará de oxígeno.

Los buenos terapeutas conocen bien el material de su sombra sin que eso los desanime. Pueden vivir con él e, incluso, en condiciones algo limitadas, revelarlo a sus clientes. Permitir que tus clientes vean parte de tu sombra puede ayudarlos a lidiar con las suyas. Si haces un esfuerzo por estar limpio y libre de sombra, no se sentirán alentados a aceptar sus tendencias oscuras. Como hemos visto muchas veces, tienes que hacer varias cosas a la vez: mostrar que has alcanzado un buen nivel de autoentendimiento y de calma, y mostrar también parte de tus defectos e inclinaciones menos nobles.

El terapeuta no profesional puede tener también material sombrío con el que lidiar. Puede tener una opinión demasiada buena de sí mismo y, por ello, ponerse a disposición de los demás por orgullo. O puede confundir la terapia con el consejo y predicar a la gente sus valores exaltados. Puede que necesite intimidad en su vida y la encuentre con sus clientes. Puede que los problemas de sus clientes lo hagan sentirse superior, una necesidad suya que satisfacen quienes buscan su orientación. La lista de las cualidades de la sombra es larga, y un terapeuta no profesional tiene que reflexionar sobre sus intenciones tanto como el profesional por lo menos.

Puede destinarse una gran cantidad de energía y de atención a controlar la sombra, y la supresión de la sombra significa ocultar una parte importante del ser de uno. Una terapeuta que no puede dejar que su sombra esté presente no puede estar plenamente ahí para su cliente. Sin embargo, el terapeuta queda a menudo atrapado entre querer ser un compañero amable y servicial por un lado, y un ser humano completo por el otro.

El contenido de la sombra de un terapeuta

Un buen ejemplo que suele comentarse de la sombra de un terapeuta es el dinero. Algunos terapeutas confiesan que, cuando están escuchando los relatos tristes de un cliente, están pensando en cuánto dinero están ganando por hora, y también al año. Mientras el cliente va soltando relatos de sus desastres, el terapeuta podría estar mirando el reloj para librarse finalmente del cautiverio, calculando mentalmente el saldo de su cuenta bancaria. El terapeuta puede establecer honorarios escalonados, pero la sombra de esta oferta es el ansia de más dinero. Algunos terapeutas hacen una exhibición de su generosidad y se quejan después al menor impedimento a la hora de cobrar. El dinero es un camino dorado hacia la sombra.

Necesitas un modo de entender la sombra y estrategias para lidiar eficazmente con ella. El primer paso es obvio: tienes que reconocer los sentimientos y los pensamientos que tienes. Es tentador evitarlos porque no te hacen sentir bien contigo mismo. Para el profesional, un supervisor psicológico es un recurso valioso en las cuestiones relativas a la sombra. Da igual lo mucho que sepas sobre la teoría de la sombra, es difícil enfrentarse al material real por tu cuenta y reconocerlo.

Otra persona puede ser la comadrona que ayude a tu sombra a emerger a la conciencia.

La clave para trabajar con la sombra es saber que no es una corrupción literal. La terapeuta que cuenta sus honorarios y sus horas no tendría que cambiar por completo y olvidarse del dinero. Al contrario, esta preocupación, señal de que sus pensamientos son sintomáticos, muestra que no piensa bastante en el dinero o que no lo hace del modo adecuado. Nunca intentas librarte de la sombra, la intensificas. Cuando el dinero es el problema, es también la solución. Prefiero ir a una terapeuta que se ocupa sincera y eficazmente del dinero, aunque esté envuelta de algo de sombra, que a una para la que el dinero sea principalmente sintomático.

Los comportamientos sombríos son de lo más destructivos cuando se mantienen escondidos, cuando el terapeuta no es consciente de ellos o no se enfrenta a ellos. Puede ser un enorme alivio contar tus tendencias sombrías a alguien que no te juzgará, sino que te ayudará a aclarar lo que está ocurriendo. El momento en que una terapeuta cuenta por primera vez a su supervisor sus cualidades de la sombra puede ser milagroso y liberador. Se siente desahogada por fin y preparada para avanzar. Si no te ocupas de la sombra, esta podría interferir en la terapia e incluso en una carrera profesional.

Otro aspecto de la sombra, que Guggenbühl-Craig (1976) menciona en *Power in the Helping Professions*, es la fantasía de la salvación, llamada a veces «el complejo del salvador». Un terapeuta puede confundir aclarar con salvar. Se trata de una ampliación o una magnificación del trabajo y del propósito del terapeuta. El terapeuta ayuda a aclarar las cosas y trabaja junto con su cliente, pero no salva a la persona. También

286 | LA TERAPIA DEL ALMA

podrías denominarlo complejo de Jesús, la sensación de que estás en posesión de la clave de la vida y puedes salvar a cualquiera que crea en ti.

En este caso el héroe salvador es la figura sombría, y es difícil de reconocer. Vivimos en una sociedad heroica en la que cada cuestión es un problema que hay que resolver o un enemigo que hay que vencer. En ese espíritu, el terapeuta puede considerarse el Zar de la Neurosis, que lanza una guerra contra el malestar emocional y las luchas de la vida. Está bien que la creencia en tu trabajo y tu educación te estimulen, pero el complejo es un elemento añadido que vuelve neurótico todo el proyecto.

El terapeuta podría decir, en cambio, a su cliente: «Estoy aquí para servir a las necesidades de su alma, para acompañarlo mientras intenta encontrar sentido a su vida. Sé algunas cosas, pero yo también necesito salvación, si es que alguien la necesita. Soy el Caballero de Brillante Armadura, cuya armadura está oxidada y abollada. Soy el no héroe, el antihéroe. En realidad, no tengo nada de heroico. Como usted, soy un simple ser humano que intenta salir adelante. Sería un honor para mí unirme a usted en su búsqueda seria de la felicidad».

Trabajar con la sombra

Al ocuparnos de la sombra, usaremos nuestra regla de oro: dejarnos guiar por el síntoma. Los terapeutas preocupados por el dinero que ganan con su trabajo podrían, por ejemplo, prestar más atención al negocio de hacer terapia profesionalmente. Está bien preocuparse por el dinero y por el negocio. Todos nos preocupamos por el dinero y nos gustaría ganar más. Pero cuando reprimes estos pensamientos, estos se vuelven menos razonables y pueden generarse momentos incómodos. El síntoma no te dice que te desprendas de tu preocupación por el dinero, sino que cuides con esmero de él, admitas tu necesidad de dinero y adquieras destreza para ocuparte de él.

Sumérgete en el síntoma. Averigua qué te está pidiendo. La primera solución a este problema sombrío es enfrentarte a él, resolverlo y encontrar una forma de ser un terapeuta sincero y empático, al mismo tiempo que procuras tener éxito en tu negocio.

En general, la sombra precisa fortaleza personal y la capacidad de enfrentarte contigo mismo. Puede ir bien esperar algún elemento de la sombra en cada experiencia positiva. Cuanto más brillante es el valor, más probable es que su sombra sea bastante oscura. Podrías ser un especialista en la sombra, alguien que entiende que todo lo bueno tiene su lado oscuro, y conoce las sutilezas de lidiar con él.

Si tienes fantasías sexuales que te preocupan, una vez más, déjate guiar por el síntoma. Sé una persona más sexual y sensual dentro y fuera de tu práctica de la terapia. Habla cómodamente sobre sexo cuando salga a colación. Muestra que eres alguien interesado en él en general. Interésate más. Lee sobre él. Convierte ocuparte de la sexualidad en uno de tus puntos fuertes como terapeuta. No des una imagen de virtud y de incorporeidad. Tal vez tu problema no sea la sexualidad, sino tu actitud ambigua hacia ella.

Integrar la sombra no es un proceso abstracto o sencillo. Significa profundizar en el tema de la sombra y encontrar formas eficaces de vivirla.

La sombra es algo positivo que suplica una expresión más plena

Para los terapeutas, otro gran problema con la sombra es la ignorancia. Los terapeutas pueden tener miedo de decir «no lo sé» como respuesta a una pregunta. Algunos se vuelven prepotentes y se envanecen por los conocimientos que poseen. Otros van demasiado lejos a la hora de obtener documentos que sustituyen a los conocimientos en sí, y proclaman sus títulos.

Un buen terapeuta no se dedica a improvisar sobre la marcha. Está interesado en pensamientos profundos sobre el material con el que lidia en la terapia. Quiere saber más. Podría ir bien que distinguiera los conocimientos factuales de las percepciones, como hemos comentado antes. También he señalado que, para mí, personalmente, las buenas ideas me dan seguridad. No me interesan tanto las técnicas, los eslóganes o un enfoque basado en la evidencia. Creo que un terapeuta se prepara mejor para el trabajo estudiando a fondo la naturaleza humana y dejando que las lecciones prácticas surjan en la terapia con un cliente único. A veces, es mejor leer filosofía o novelas que libros sobre psicología. Cuando estaba empezando, los colegas se referían a mí en broma como el «filósofo práctico». Yo me lo tomaba como un cumplido.

La seguridad puede ser una cualidad esquiva para los terapeutas. Tienen la impresión de no saber lo suficiente. Como respuesta, pueden buscar técnicas sencillas, fáciles de aplicar, o soluciones sencillas para diagnósticos sencillos. Pero la vida es compleja, por lo que un método sencillo, aunque sea satisfactorio y cree la ilusión de poseer conocimientos y destreza, puede ser una defensa. Podría ser mejor estudiar de verdad y formarse para lidiar de frente con la complejidad usando métodos sofisticados.

Lo cierto es que eres ignorante y que jamás conocerás totalmente cómo funciona la gente. Todos somos ignorantes. Nunca serás un terapeuta totalmente seguro de ti mismo, pero puedes tener la suficiente confianza en ti mismo para hacer el trabajo sin problemas. Si la ignorancia es tu sombra, tienes que sumergirte en ella y dejar que te guíe. La ansiedad por la ignorancia se reduce cuando admites que jamás sabrás suficiente.

Pero al mismo tiempo puedes valorar y mostrar tus conocimientos y tu experiencia. Puedes estar seguro de tus aptitudes. Ambas cosas, ignorancia y conocimientos, solo son eficaces cuando trabajan juntas. Un cliente sabe que eres inteligente y habilidoso, pero que tienes tus límites y puedes admitirlos: una buena combinación.

Una necesaria pérdida de la inocencia

Puede que tengas que dejar atrás tu vacía, sencilla e ingenua inocencia. Puede que los terapeutas, una vez más con buenas intenciones y cuya profesión es «ayudar», tengan demasiada autoestima. Su elevada opinión de sí mismos y de su profesión puede crear una sombra oscura en la que sus errores, falta de formación e ineptitudes personales permanezcan ocultos.

Una persona me hizo unos comentarios que me tomé muy en serio. Me dijo que no tendría que ser tan inocente cuando presento ideas que desafían supuestos aceptados sobre la religión y la salud emocional. Estoy cuestionando el poder establecido y provocando a mis lectores a replantearse sus lealtades. Tendría que hacerlo con menos inocencia, dijo. Desde hace años, cuando doy una conferencia, la voz de esa mujer me viene a la cabeza, y hago un esfuerzo para reconocer la sombra en mi papel de criticón.

La terapia no es una profesión totalmente inocente. Desafías, propugnas dureza e independencia, dices a los clientes que se enfrenten a sus cónyuges y a sus jefes. Si no estás conectado con la sombra de tu empleo y tu personalidad, la contradicción puede debilitar tu trabajo.

No es una cuestión de inocencia contra sombra. Como en todos los patrones semejantes que hemos comentado, la mejor solución es una mezcla de los dos elementos divididos. Necesitas tener una inocencia oscura o estar adecuadamente conectado con la sombra. La inocencia no tiene que desaparecer, pero necesita madurar. El objetivo último es una paradoja, y cuando actúas con tu inocencia madura, notas la paradoja en tu cuerpo. Sabes que estás haciendo dos cosas a la vez. Te presentas a ti mismo como un adulto complicado. Se puede confiar en ti porque no eres evidente y totalmente digno de confianza.

La falsa sombra

Finalmente, algunas personas evitan la sombra encarnando su oscuridad. Pueden «integrar» su sombra siendo varones malhablados, con el cabello revuelto, desaliñados y sexualmente lascivos. Las mujeres tienen su equivalente. Los terapeutas pueden saber un poco sobre la sombra y creer que siendo duros y oscuros muestran la sombra de un modo que resuelve el problema.

En el psicoanálisis clásico, la identificación es una forma de defensa. En este caso una persona puede adoptar características de la sombra, con una mirada y un comportamiento duros, pero estar todo el tiempo lejos de su sombra en un sentido real. Como la mayoría de defensas, es hábil y engañosa. Las cualidades de la sombra que muestras defensivamente no son reales. Están actuando a modo de defensa. La sombra real procedería del interior de tu ser y quizá no parecería tan fea. La cualidad visiblemente dura de la falsa sombra delata su falta de sinceridad. La cualidad de una sombra real es parte esencial de quién eres y no se revela como una fachada.

La falsa sombra es, además, apotropaica. Esto significa que protege, que mantiene alejado. Colocas un espantapájaros para mantener a los pájaros lejos del trigo. Te vistes como la sombra para mantener a raya a la sombra real. Es probable que esos terapeutas de aspecto duro, en el fondo sean unos blandengues. No saben ser realmente duros y fuertes al lidiar con los problemas importantes a los que se enfrenta la gente. Un exterior duro suele esconder un interior sensiblero.

Una solución alternativa consiste en permitir que tu sombra te acompañe. No puedes integrarla, pero puedes hacerte amigo de la sombra, usando sus características y poderes. Esta sombra puede fortalecerte y completarte, pero siempre será independiente, jamás simplemente un aspecto útil e interesante de ti mismo. Un día la sombra será el compañero que está a tu lado, completando tu visión del mundo y permitiéndote tratar con gente real, que necesita tu sombra tanto como tu virtud.

Hoy conocí a mi gemelo, el que me sigue
a todas partes cuando brilla el sol.
Nunca me ha gustado, pero él parece amarme
y su lado bueno me está empezando a gustar.

23

El poder de lo terapéutico

Si leyeras las obras de buenos terapeutas como Rogers y Ya-lom, podría sorprenderte su lentitud al aconsejar y analizar a sus clientes. Un no profesional que ayuda a un amigo debería ser todavía más precavido al decirle qué hacer o qué le pasa. Otra cosa que podrías observar en estos terapeutas expertos es que, frecuentemente, preguntan a sus pacientes si quieren explorar diversos temas y cómo se sienten sobre lo que ha ocurrido en la terapia. Estos terapeutas no se imponen a sus pacientes, sino que más bien piden su colaboración en todo. «¿Le gustaría hablar sobre esto?», dirán. «¿Qué le parecería que le sugiriera alguna lectura?»

La terapia es un arte

Estos terapeutas son también claros sobre sus sentimientos y su comportamiento. Podrían decir sin rodeos: «He dudado en sacar esta cuestión por si podía alterarlo». O «Tengo la impresión de que nos estamos haciendo amigos, pero quiero mantener cierta distancia para que podamos hacer limpiamente nuestro trabajo». Yo, personalmente, intento convertir la terapia en un arte, y eso significa pensar mucho en cada acto y cada palabra sin estar demasiado cohibido. Siempre recuerdo que la terapia comienza al decir hola y termina al decir adiós. Todo lo que ocurre en medio es útil, parte del material con el que tenemos que lidiar.

Una conversación terapéutica no es una charla corriente, inconsciente. Es un intercambio ingenioso, mantenido con un propósito concreto y por el bien de quien está siendo ayudado y no de quien ayuda. Tú hablas reflexiva, honesta y sinceramente. Estás presenciando lo que dices y lo haces incluso al hablar. Tienes en funcionamiento la personalidad de un terapeuta observando lo que está pasando para poder hacer el trabajo con destreza. La conversación es casi artificial, su objetivo no es el mismo que el de una conversación corriente. Tienes que tener presente que has emplazado al terapeuta mítico para hacer el trabajo. No estás hablando sin pensar.

El psicoterapeuta es aquel que habla al alma y por el alma. Este es el significado de la palabra *psicoterapia*. Cuidas con tus palabras y con tu comportamiento de modo que construyes el recipiente de la terapia como un entorno para el trabajo con el alma. No tienes que ser un profesional, pero tienes que estar extraordinariamente atento y consciente. No solo amas a la persona con la que estás trabajando, también amas el trabajo. Es el poder de ese amor lo que genera la sanación.

Si podemos ir más allá de la idea de que la terapia es orientar sobre problemas específicos de la vida y considerarla un cuidado constante del alma de las personas, las organizaciones, los lugares y las cosas, podríamos entonces imaginar vivir terapéuticamente como un principio general. Estamos siempre en situación de ofrecer un profundo cuidado a lo que sea que se esté considerando.

Como he dicho antes, intento ser terapéutico cuando escribo mis libros. Esto no significa que quiera solucionar problemas, arreglar lo que está roto o aconsejar a la gente a la hora de gestionar su vida cotidiana y sus relaciones. Tengo un sentido más amplio de lo terapéutico. Soy un servidor del alma. Esta es mi vocación y podría ser la tuya. Podrías vivir una vida orientada terapéuticamente. Podrías estar muy interesado en la psique y las costumbres del alma. Entonces, da igual cuál sea tu empleo o tu profesión, el trabajo de tu vida sería una forma de terapia. La terapia no tiene que estar encerrada en una etiqueta, en un lenguaje o en una profesión concretos. Puedes ser terapéutico cuando escribes una carta o un correo electrónico, o cuando hablas con un socio empresarial o con un cliente, o cuando dices buenas noches a tus hijos. La terapia es adecuada a cada momento de cada día. No estás arreglando el mundo, pero le estás proporcionando los cuidados que necesita para prosperar.

Dar poder a la gente

Muchos terapeutas, al preguntarles por qué eligieron dedicarse a esta profesión afirman: «Quería hacer un trabajo con el que pudiera ayudar a la gente». He oído esta frase muchas veces a lo largo de los años, y siempre me ha impresionado su sencillez y su sinceridad. Practicar la terapia puede dar tanto al profesional como al no profesional la impresión de que su vida vale la pena por haber ayudado a la gente a lidiar con tensiones y conflictos o por haberlas ayudado a profundizar más en sí mismas.

Uno de los principios de mi vida es este: si siento una pérdida de sentido o de valor, lo único que tengo que hacer es ofrecer cuidados a alguien necesitado. Si una terapeuta está más preocupada por sus conocimientos, sus aptitudes o su posición, no hará el mejor trabajo posible y, por lo tanto, no obtendrá sus recompensas.

La terapia puede también empoderar a la gente que recibe tus cuidados para ser más eficaz en la vida y, por lo tanto, más feliz. El poder del alma no tiene que ver con controlar a los demás, sino con vivir desde un lugar profundo y encontrar ahí la capacidad de transformar el mundo. Esta clase de poder no es fuerza ni control, sino eficacia, fortaleza y seguridad, poderes que están siempre en ti.

Poder real no es lo mismo que fortaleza del ego. Tiene más que ver con permitir que las fuerzas de la vida fluyan a través de ti y hagan que tu trabajo sea eficaz. Esta ley fundamental de la vida desconcierta a la gente, que a menudo queda consternada cuando el control sobre los demás no les proporciona la satisfacción que anhelan. Para ser realmente poderoso tienes que estar abierto a la influencia y ser capaz de dejar que la fuerza de la vida haga tu trabajo. Tiene más que ver con apartarse y encontrar aptitudes para satisfacer a las fuerzas misteriosas de la vida que están presentes. Los buenos terapeutas no manipulan la vida de sus clientes para servir a los valores del terapeuta; en lugar de eso, muestran a sus clientes cómo aprovechar las fuerzas vitales que pueden volverlos más eficaces y fuertes.

La mayoría de conflictos en la vida se caracterizan por algo de masoquismo. Esto significa que los problemas surgen cuando las personas pierden el contacto con los poderes que las rodean y que pueden hacerlas creativas, productivas y fuertes en las relaciones. Sanarse es reconectar con los poderes positivos, sentir que fluyen a través de ti y contar con su apoyo en todo lo que haces. Esta clase de poder resuelve los problemas y restablece la felicidad.

Puedes preguntarte qué habilidades te permiten vivir una vida con sentido. ¿Persuadir, crear, cuidar, gestionar, gobernar, entretener, educar? Una de ellas es la capacidad de ser terapéutico. Si puedes ofrecer cuidados de un modo que restablezca el sentido y la seguridad en la gente, tienes un poder de un enorme valor para la sociedad y para los demás. Estás haciendo una contribución importante y tendrías que sentirte bien con tu vida y tu lugar en la sociedad. No necesitas ninguna motivación más para formar parte de las profesiones terapéuticas o para ofrecer tus talentos a vecinos y familiares de un modo informal.

**Los griegos decían que el Amor es un
adolescente que lleva un carcaj de flechas
que no duda en disparar.
No es ninguna metáfora.
Yo lo he visto y me ha disparado.
Se esconde en los rincones y tras los arbustos
disparando cuando yo desearía que no lo hiciera.**

24

El terapeuta que hay en todos

Un terapeuta profesional tiene que cultivar una posición en la comunidad como recurso cualificado para personas que pasan por un mal momento psicológico. Pero a todos nos piden con mucha frecuencia que ayudemos a miembros de la familia, cónyuges, amigos y compañeros de trabajo. Cuando muere un ser querido, justo antes de un matrimonio, al perder un empleo, cuando la depresión ataca; hay muchas veces en que simplemente la compañía de un amigo empático te permite superar una noche oscura del alma.

Pero a veces, cuando quiere ayudar, la gente tiene la sensación de ser incompetente. No sabe qué decir, cómo resultar útil o cuándo interceder. Sería útil tener cierta educación sobre el funcionamiento de la psique y sobre cómo lidiar con emociones fuertes. El cuidado natural es valioso, pero el cuidado inteligente es todavía mejor.

Sabes que hay un terapeuta en ti. Puedes recorrer cierto trecho, no como un profesional, sino con tus propios talentos y/o formas corrientes de ayudar a alguien a lidiar con la tragedia, el conflicto y el dolor.

De hecho, carecer de licencia o posición profesional podría ayudarte a estar con un amigo de un modo que resulte un reto menor que el camino profesional. Es probable que la confianza ya esté ahí. Existe una relación. Toda la experiencia puede simplemente formar parte de la vida sin las ansiedades relacionadas con la terapia formal. Hasta tu inexperiencia puede ser una ventaja.

Terapeutas disfrazados

Hace poco estaba hablando con un hombre que se estaba planteando hacer un curso de psicología profunda conmigo. Yo acababa de decir que siento que soy terapeuta en la mayoría de cosas que hago. Incluso como escritor, me expreso como terapeuta. No solo estoy interesado en las ideas por sí mismas. Quiero fuentes ricas en las que sumergirme para mostrar cómo funciona la psique y cómo lidiar con sus quejas y sus síntomas. Y el hombre dijo: «Seguramente no tendría que hacer el curso. Soy abogado».

Me quedé estupefacto. «Es usted abogado —dije—. Es probable que aconseje más a la gente que yo. Necesita el curso, porque necesita algo de sofisticación psicológica a la hora de lidiar con las intensas situaciones con las que se tropieza». A mi entender, el abogado era, sin duda, mitad terapeuta.

Sé que tendemos a repartir ansiosamente las profesiones en compartimientos discretos, bien diferenciados. Queremos mantener separado a todo el mundo según su especialidad. Pero no puede eludirse el hecho de que los abogados necesitan tener un terapeuta que funcione bien en su interior. Puedes imaginar esta definición particular de terapeuta que empleo como un conjunto de aptitudes, una imagen con la que puedes identificarte o una identidad que se adapta bien a ti entre otras identidades.

Entre otros terapeutas parciales se encuentran profesores, directores, taxistas y conductores de limusinas, médicos, personal de centros para enfermos terminales, bármanes y progenitores. Como he dicho antes, no quiero confundir los papeles, sino señalar que muchas profesiones implican orientar a las personas, ya sean clientes, socios o subordinados. Tener cierta instrucción psicológica como parte de su formación le iría bien a todo tipo de negocios. Ojalá mi médico fuera a un curso de psicoterapia profunda.

No se trata de obtener un título en psicología sino de conocer los principios básicos de la terapia. Irían bien algunas lecciones sobre el modo de escuchar, los complejos, la transferencia y los síntomas. Algunas ideas espirituales sobre el sentido, el propósito, la moralidad y los valores podrían elevar la orientación informal a un nivel extraordinario. Todo el mundo podría beneficiarse de recibir lecciones sobre el modo de escuchar, la alquimia de revisar las cosas y el propósito de los síntomas. Las ideas constructivas sobre el lado sombrío de la psique permitirían avanzar mucho para que dar consejos se convierta en una auténtica terapia.

El recipiente informal

Cuando un familiar que está pasando por un momento de malestar emocional pide a una persona corriente que lo ayude, esta podría pensar en primer lugar en el recipiente. *¿Dónde y cuándo tendríamos que hablar? ¿Cómo tendría que presentarme? ¿Podría garantizar mi confidencialidad a mi primo?*

Tu primo te llama y te dice: «Estoy ultimando mi divorcio. Estoy nervioso y me duele la barriga. No consigo dormir. Necesito alguien con quien hablar».

No eres terapeuta, pero te gustaría ayudar a tu primo. Lo primero en lo que tienes que pensar es en quién eres y en qué puedes hacer. Puedes recordarle que no eres terapeuta profesional, pero estás dispuesto a escuchar y a ofrecerle algo de perspectiva y de apoyo. Empiezas dejando claro quién eres y cuáles son tus intenciones.

Tu primo sugiere que os veáis en su restaurante favorito. Ahora tienes que pensar en el recipiente. ¿Es su restaurante favorito el mejor sitio? Ahí puede conocer a gente y no resultar lo bastante privado. El lugar puede ser demasiado ruidoso y estar demasiado concurrido. Piensa en ello y recomienda encontraros en un parque y empezar con un paseo. Pasear puede favorecer la conversación y suele ser bastante privado. Puedes imaginar un recipiente que os rodea a ambos mientras paseáis. En él estáis en privado y habláis tranquilamente.

A continuación, tu primo dice: «Siempre te he considerado un padre para mí». Se trata de una de las primeras frases de tu papel como terapeuta informal, y ya tienes un indicio de que el padre arquetípico está entrando en escena. Oyes que su afirmación dice más de lo que quiere decir. Tienes que estar preparado para cargar con el papel de padre y con lo bueno y lo malo que ese papel conlleva.

Al entablar una conversación profunda, tendrás muchos otros desafíos. Adapta las muchas sugerencias y advertencias de este libro a tus conversaciones terapéuticas informales. Puedes adquirir más destreza y sofisticación en lo que a la psique se refiere. Sabemos un poco lo que está pasando cuando nuestro ordenador no funciona bien o nuestro coche hace ruidos, pero no tenemos ni idea sobre la psique. Puede que no oigamos a la psique ni siquiera cuando hace mucho ruido. Nadie nos ha enseñado. No estaba en el programa curricular. De modo que tienes que educarte a ti mismo.

Los intrusos

Revisemos algunos de los retos más difíciles que pueden presentarse en las conversaciones terapéuticas informales.

A veces un guion o un patrón antiguo se cuela sigilosamente en la discusión, y puede que el amigo servicial no se dé cuenta de que la persona que tiene delante no es realmente la que está hablando con él. En su lugar, una emoción fuerte o quizá incluso un conjunto entero de emociones se ha introducido indebidamente en la conversación. Prefiero hablar de una intrusión en lugar de hablar de una invasión, porque a menudo no notas la llegada de algo nuevo y autónomo.

El primo ha indicado que ya tiene una imagen paterna asociada a la persona que lo ayuda. Este padre podría convertirse en un intruso, una presencia con la que lidiar. Puede que el primo haya tenido verdaderos problemas con su padre, una encarnación significativa del padre arquetípico, y puede cambiar o transferir esa encarnación del arquetipo a ti, el amigo inocente.

Como amigo, podrías no ser consciente de este factor al hablar o, con algo de formación, podrías reconocerlo. Siempre va bien saber con quién y con qué estás lidiando. Si lo que se está colando en la conversación es la figura paterna, puedes detectarla y lidiar con ella en consecuencia. Podrías hablar del padre de tu primo y de su relación para aclararlos y hacer que sean algo consciente. Podrías educar a tu primo mostrándole cómo puede interferir esta clase de intruso. Señalar esta figura, de otro modo oculta, es en sí un paso para orientar a tu primo.

En este ejemplo, tú, el amigo o familiar preocupado, tienes también que procurar no interpretar inconscientemente al padre en el modo en que os relacionáis. Entrar en el complejo no es siempre malo, pero a menudo dificulta las cosas. Despiertas en tu primo muchos sentimientos que no tienen nada que ver contigo, sino que son restos de una relación que puede haber sido problemática hace años. Estos patrones duran mucho tiempo, y aparecen en la vida y complican una interacción actual.

A mí me parece que suele ser mejor mantenerse neutral frente a un complejo que se ha despertado. No tienes que participar en él, pero para ser neutral tienes que identificarlo y no perderlo de vista. A veces no desaparecerá por más neutral que seas, y no te quedará más remedio que tratarlo con tu amigo o familiar.

Jung decía que un complejo es como una persona aparte. Cuando alguien te trata como a un padre, puede que tengas que afirmar tu individualidad. Podrías ser una clase distinta de padre o, mejor aún, una figura diferente en una historia completamente diferente. En casos menos habituales, la persona a la que estás ayudando puede estar tan encerrada en el complejo que nada de lo que tú hagas tenga efecto. Puede que tengas que dejar de intentarlo y sugerir a tu familiar que se busque a otra persona.

Tienes que respetar el poder de la psique. Recuerdo haber asistido a un taller dirigido por Rafael López-Pedraza, uno de mis profesores de terapia más respetados, que sugería encarecidamente que hay veces en las que tienes que tener la presencia de ánimo de alejarte de una situación imposible. Si no puedes hacerlo, es probable que tengas un sentido exagerado de tu propia fortaleza y capacidad.

Algunos intrusos interpretan una clase distinta de papel que, como de costumbre, puede ser tanto útil como problemático. En mi caso, James Hillman, buen amigo y auténtico mentor, hace a veces que mi vida sea difícil ahora, ocho años después de su fallecimiento. Era una de esas personas fuertes que pueden causar tanto impacto en los demás que estos le permiten introducirse en sus psiques y tener su propio espacio en ellas. Jung tiene un impacto parecido en mí, pero no tanto como Hillman y no está tan presente en mí como en muchos de sus seguidores.

Hay ciertos términos, por ejemplo, que molestaban a Hillman. Se quejaba de ellos a menudo, y lo hacía con vehemencia. Un ejemplo es la palabra *experimentar*. No le gustaba que la gente dijera, por ejemplo, que «experimentamos» una subida de temperaturas. Se quejaba de que convirtamos todo en una experiencia, concentrándonos en nosotros mismos en lugar de hacerlo en el objeto. Opinaba lo mismo sobre *totalidad* y *crecimiento personal*.

En este sentido Hillman es un intruso en mi psique. Si alguna vez quiero usar una de estas palabras, algo en mí grita muy fuerte: *¡Alto!* No soy yo quien pone peros a la palabra; es Hillman que se ha instalado en mí. A veces forcejeo con el intruso y al final me impongo y utilizo la palabra ofensiva. A veces pierdo.

De modo que cuando estamos hablando con alguien sobre asuntos importantes, tenemos que distinguir quién está hablando. Yo diría que buena parte del tiempo, por no decir la mayor parte del tiempo, es un intruso y no el yo quien habla. En este punto no estoy usando el lenguaje del complejo y la transferencia. Estoy intentando ser lo más concreto que puedo para mostrar lo que pasa en la psique en nuestras interacciones. Si queremos llevar a cabo una conversación terapéutica, que es algo hermoso, podríamos ser más conscientes de las dinámicas, las personalidades y los niveles de narración en juego.

La terapia es el trabajo del corazón

Por enésima vez, diré que la palabra *terapia* significa cuidar o servir, y no, curar o arreglar. Es un asunto del corazón, y lo que distingue una conversación terapéutica es el deseo de cuidar de otra persona que pasa por un mal momento o de alguien que intenta encontrar sentido a su vida. *Psicoterapia* significa, etimológicamente, cuidado del alma. *Cuidado* es un término del corazón.

Tanto si estás haciendo terapia profesional como si estás acompañando a un amigo, tienes que estar atento a no sacar la psique (alma) o la terapia (cuidado amoroso) de la psicoterapia. Es probable que intuyas que el alma y el amor van de la mano, la psique y el eros. El alma es la profundidad íntima; el amor es la conexión íntima.

Puedes amar a la persona de la que estás cuidando o no. Pero, en cualquier caso, puedes amar su alma. Yo me siento con una persona con una vida difícil que intenta apañárselas y veo las complejidades, las adversidades y las luchas. Las veo como la alquimia con la que la persona está intentando crear alma a partir de una vida complicada. Siento compasión por esta necesidad humana básica de sentirse vivo y de ser una persona. La lucha puede hacer que la persona sea alguien con quien es difícil entablar amistad o que difícilmente cae bien, pero la creación de alma es profundamente humana. Me identifico con el *opus*, la obra para convertirse en alguien, y ese amor conduce al cuidado.

Esto significa que tienes que tener un corazón abierto, inteligentemente confiado, fuerte y seguro. Como amigo empático, tienes que estar preparado para los desafíos de tu tarea. No es siempre fácil cuidar de un amigo que está sufriendo emocionalmente. Tienes que ser un tanto equilibrado e inquebrantable. No es necesario que estés supersano ni totalmente sereno. Tus propias luchas te ayudarán a lidiar con las de tu amiga, y harán también que la relación se mantenga firmemente conectada, sin una división entre el sano y el enfermo.

Pero tienes que estar en contacto con tu fortaleza, porque tu amiga lo necesita. No necesita conocer tus conflictos, y está bien que crea que has resuelto todos tus problemas. Esa fantasía sobre ti podría ayudarla a entrar en contacto con la fuente de perspicacia y de poder de su interior. Pero no puedes dejarte llevar por ella, o el hechizo se romperá y eso no os ayudará a ninguno de los dos.

Haz lo que puedas y no te agobies por los posibles errores que cometas. Los errores forman parte del trabajo, y si no cometieras ninguno, serías bastante sospechoso. Errar es humano. Pero un buen amigo no se desanima por los errores que comete. Sigue haciendo lo que puede para ser alguien de confianza a quien su amigo puede recurrir. Está dispuesto a ser el terapeuta del momento, no un terapeuta profesional, sino un ser humano considerado que tiene algo que aportar.

Ahora que ya sabes que puedes ser un terapeuta no profesional para los miembros de tu familia y personas cercanas, puedes desplegar tus alas y ser terapeuta para un mundo necesitado. Haz lo que se te ocurra para contribuir a la salud emocional del planeta. Todos nuestros problemas en las naciones y en todo el mundo son un reflejo de la psique que intenta encontrar amor y belleza. Pocos lo comprenden, pero quizá tú lo hagas gracias a tu experiencia con tus amigos. Aporta ese conocimiento a nuestro mundo y sé un terapeuta que va mucho más allá que los profesionales en el cuidado del alma del mundo.

Terminaré con unas cuantas directrices para los amigos que orientan a amigos.

1. No pienses que sabes lo que tu amiga necesita o quién tendría que ser.
2. Examina los motivos que tienes para ayudar, y aclara tu mente y tu voluntad.
3. No creas que sabes lo que es mejor para ella.
4. Asegúrate de saber guardar sus secretos.
5. Escucha atentamente lo que tiene que decir y guarda tus soluciones para otro día.
6. Hazle saber que la has oído.
7. Muéstrale algo de verdadera seguridad y liderazgo.
8. Dale alguna opinión auténtica y positiva sobre ella.
9. Dedícate a su bienestar y muéstralo.
10. Fíjate en cualquier transferencia, en ti o en ella, o fantasía que flote en el ambiente e influya en la relación.
11. Anímala a proseguir con las historias que presientes que son reveladoras y prometedoras.
12. Muéstrale un fuerte amor de amiga y mucho apoyo.

No soy terapeuta y, sin embargo,
me siento llamado a ayudar cuando mi amigo
está afligido o desconcertado.
¿Tiene licencia mi terapeuta interior?
¿Está bien orientar a mis familiares?
Sigo adelante, cuelgo una placa invisible
y metafórica y practico con confianza.

Referencias

Berry, Patricia (1982). *Echo's subtle body*, Spring Publications, Dallas.

Boer, Charles (Trad.) (1970). *The Homeric hymns*, Swallow Press, Chicago.

Campbell, Joseph (1949). *The hero with a thousand faces*, MJF, Nueva York.

Campbell, Joseph (1988). *The power of myth*, Betty Sue Flowers, ed., Doubleday, Nueva York.

Estess, Ted (1974). «The inenarrable contraption», *Journal of the American Academy of Religion*, 42(3), pp. 415–344.

Eurípides (1973). *Hippolytos*, trad. Robert Bagg, Oxford Univ. Press, Nueva York y Oxford.

Ficino, Marsilio (1975). *The letters of Marsilio Ficino*, vol. 1, Shepheard-Walwyn, Londres.

Freud, Sigmund (1965). *The interpretation of dreams*, trad. James Strachey, Avon, Nueva York.

Guggenbühl-Craig, Adolf (1976). *Power in the helping professions*, Spring Publications, Thompson (Connecticut).

Guggenbühl-Craig, Adolf (1977). *Marriage dead or alive*, Spring Publications, Zurich.

Hillman, James (1975a). *Abandoning the child. In Loose Ends*, Spring Publications, Nueva York.

Hillman, James (1975b). *Re-visioning psychology*, HarperCollins, Nueva York.

Hillman, James (1979). *The dream and the underworld*, Harper & Row, Nueva York.

Hillman, James (1981). *The thought of the heart*, Spring Publications, Dallas.

Hillman, James (1983). *Healing fiction*, Station Hill, Barrytown (Nueva York).

Hillman, James (2007). *Mythic figures*, edición uniforme, vol. 6. Spring Publications, Thompson (Connecticut).

Jaeger, Werner (1943). *Paideia: The ideals of Greek culture*, vol. 2, trad. Gilbert Highet, Oxford Univ. Press, Nueva York, 1943.

Jung, C. G. (1966). *The practice of psychotherapy. Collected Works*, vol. 16, Princeton Univ. Press, Princeton.

Jung, C. G. (1968). *The archetypes and the collective unconscious. Collected Works*, vol. 9, trad. R. F. C. Hull, Princeton Univ. Press, Princeton.

Jung, C. G. (1973). *Memories, dreams, reflections*, Aniela Jaffé, ed., trad. Richard y Clara Winston, Pantheon, Nueva York.

Jung, C. G. (1976). *The symbolic life. Collected Works*, vol. 18, trad. R. F. C. Hull, Princeton Univ. Press, Princeton.

López-Pedraza, Rafael (1977). *Hermes and his children*, Spring Publications, Thompson (Connecticut).

Miller, Patricia Cox (1994). *Dreams in late antiquity*, Princeton Univ. Press, Princeton.

Moore, Thomas (1996). *The re-enchantment of everyday life*, HarperCollins, Nueva York.

Moore, Thomas (1998). *Dark eros*, Spring Publications, Thompson (Connecticut).

Moore, Thomas (2014). *A religion of one's own*, Penguin/Gotham, Nueva York.

Rilke, Rainer Maria (1984). *Letters to a young poet*, trad. Stephen Mitchell, Random House, Nueva York.

Sardello, Robert (1982). «City as metaphor», *Spring: A Journal of Archetype and Culture*, pp. 95–111.

Stevens, Wallace (1989). *Opus posthumous*, Alfred A. Knopf, Nueva York.

Suzuki, Shunryu (1973). *Zen mind, beginner's mind*, Weatherhill, Nueva York y Tokio.

Thoreau, Henry David (2013). *Essays*, Jeffrey S. Cramer, ed., Yale Univ. Press, New Haven.

Winnicott, Donald W. (1971). *Playing and reality*, Routledge, Londres.

Yalom, Irvin D. (2003). *The gift of therapy*, Harper Perennial, Nueva York.

Agradecimientos

Tras cuarenta años de ejercer como terapeuta, tengo que dar las gracias a muchas personas por los pensamientos perspicaces de este libro. Empezaré por las diversas sociedades de C. G. Jung, institutos y psicoanalistas que me han invitado tan generosamente a hablar y a enseñar en sus comunidades, a pesar de que no soy un psicoanalista registrado. Este libro también lo debe todo a mis colegas dedicados a la psicología arquetípica, un importante movimiento no demasiado conocido. Entre esos amigos figuran James Hillman y Rafael López-Pedraza, ya fallecidos, y Patricia Berry, Robert Sardello y Chris Robertson.

Los fieles amigos que me apoyan con un mensaje inspirador por lo menos una vez a la semana son Pat Toomay, exjugador profesional de fútbol americano y actualmente genio de los misterios, y Brian Clark, uno de los mejores astrólogos de este planeta. Las conversaciones en Londres con Sarah Van Gogh me han enseñado a ampliar mis estudios arquetípicos en un mundo más grande.

Mi familia me aporta inspiración e ideas todos los días. Los cuadros maravillosos y los pensamientos penetrantes de Joan Hanley me mantienen vivo, y las ideas en general y el ejemplo en el campo musical de mi hija Siobhán me inspiran de verdad. Mi hijastro Abraham, un arquitecto innovador, amplía constantemente mi visión del mundo.

En el ámbito editorial, sigo aprendiendo de mis antiguos agentes Michael Katz, Kim Witherspoon y Alexis Hurley, en Inkwell Management, y ahora disfruto de la amistad y la flexibilidad y consejo infinitos de Todd Schuster. La confianza y el respaldo que recibí de mis excolegas Hugh Van Dusen y William Shinker me sigue haciendo ser optimista en el ámbito de la edición de libros, que actualmente es un reto.

Quiero dar las gracias a Patrice Pinette por estudiar «palabras sanadoras» conmigo con inteligencia y calidez, y a Gary Pinette por mantenerme dentro de los límites en general y por leer el manuscrito de este libro en una fase inicial. Mi buen amigo, el reverendo Marcus McKinney, de quien he aprendido tanto, realmente me ayudó con sus animadas conversaciones sobre la terapia como cuidado. También leyó el manuscrito y me dio opiniones útiles sobre él. Agradezco el apoyo afable, experto y constante de Scott Neumeister.

He tenido la fortuna de haber tenido clientes extraordinarios en terapia a lo largo de los años y especialmente mientras estaba escribiendo este libro. Sus corazones generosos y abiertos me enseñaron una vez más que hacer terapia es estar en terapia. No mencionaré sus nombres porque este libro incluye una cláusula de confidencialidad.